T0114642

قائمة المحتويات

يشكل موضـوع القيـاس والتقـويم ركنـاً أساسـياً، وعنصـراً هامـاً مـن عنـاصر العمليـة الـتربوية بشكل عام، والعملية التدريسية بشكل خاص.

وتم عرض مادة الكتاب بصورة منطقية وبشكل ينسجم مـع مفـردات مـادة القيـاس والتقويم للصفوف الرابعة من كليات التربية العراقية (الأقسام غير الاختصاص)، مع إضافة فصل لتوظيف المفاهيم الإحصائية مباشرة في تحليل نتائج الاختبار وتفسيرها، من منطلق التكامـل في عملية التقويم، باعتبار العمليات الإحصائية وسائل وليست غايات.

كما عرضت مادة الكتاب بشكل ينسجم مع تصميم اختبارات التحصيل وفقـاً لقواعـد بناء الاختبارات والتي تفيد مدرسي المواد المختلفة.

فتضمن الفصل الأول التعريف بالمفاهيم والمبادئ والمعلومات الأساسية.

أما الفصل الثاني فقد تضمن التعريف بأنواع الاختبارات التحصيلية ومميزاتها وعيوبها وأساليب تحسينها.

وقد تناول الفصل الثالث كيفية بناء الاختبارات التحصيلية

وأما الفصل الرابع فقد تضمن استخراج خصائص الاختبارات الموضوعية مثل مؤشر السهولة والصعوبة والتمييز وتصحيح أثر التخمين وحساب مؤشر حساسية التدريس.

أما الفصل الخامس فقد تضمن توضيح مواصفات الاختبار الجيد مثل الصدق والثبات والموضوعية والشمولية ،وتضمن أيضا كيفية بناء ملف (بنك) الأسئلة

أما الفصل السادس فقد تطرقنا فيه إلى بعض الوسائل اللااختبارية مثل الملاحظـة والمقابلة والسجلات والبطاقة المدرسية.

كما ختم الكتاب بفصل يتضمن تفسير النتائج نظراً للحاجة إليها واقتصرنا عـلى الرتبـة المئينيـة والقيمة المعيارية.

إن أسلوب الكتاب في كثير من بنوده وموضوعاته مناسب في القراءة الذاتية ولذلك يمكن أن يكون دور المدرس موجهاً ومرشداً. وخاصة في الجانب التطبيقي. المتمثل بصياغة الأسئلة بأنواعها المختلفة واخراج و وصف وتحليل نتائج الاختبارات وتفسيرها، كما إن الأنشطة والتمارين الواردة في الفصل يمكن أن تكون عينات للتقويم الذاتي فينصح الطالب بقراءة مادة الفصل قبل محاولة الإجابة عنها.

و اللـه ولي التوفيق

المؤلف
د. رحيم يونس كرو العزاوي

الفصل الأول
مفاهيم القياس والتقويم

الفصل الأول: مفاهيم القياس والتقويم

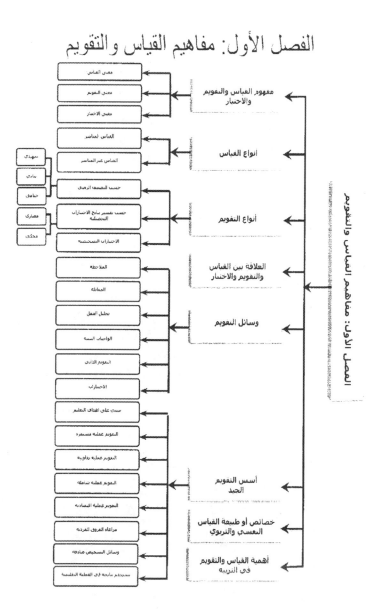

الفصل الأول:

مفاهيم القياس والتقويم

أهداف الفصل:-

يتوقع من القارئ في نهاية هذا الفصل أن:

1- يقدر دور التقويم في العملية التربوية.

2- يقدر دور القياس في العملية التربوية.

3- يستوعب المفاهيم والمصطلحات الأساسية في القياس والاختبار.

4- يميز بين أنواع التقويم المختلفة.

5- يبين العلاقة بين القياس والتقويم والاختبار.

6- يبين أهمية القياس والتقويم.

7- يبين مواصفات التقويم الجيد.

أهمية القياس والتقويم في التربية :

تقويم الطلبة عملية أساسية في العملية التعليمية وذلك لكونها تؤدي وظائف مهمة من وظائف المدرسة أهمها:

1- تساعد المتعلم في رؤية نقاط ضعفه ومدى تقدمه فيما يتعلمه.

2- تساعد المدرس في التعرف على مدى نجاحه في تحقيق أهداف تدريسه ليتسنى له في ضوء ذلك تطوير عمله.

3- يعطي فكرة لواضعي ومصممي المناهج والامتحانات العامة عما يجري في المدارس ومدى ملاءمة تلك المناهج والامتحانات لمستويات الطلبة.

4- تحفز الطالب نحو المثابرة والدراسة وتعزز ثقته بنفسه واعتداده بقابلياته، خاصة وان هو أحرز تقدماً ملحوظاً في دراسته.

5- يساعد التقويم إدارات المدارس على انتقاء وتصنيف الطلبة ووضعهم في مجموعات دراسية متجانسة.

مفهوم القياس والتقويم :

معنى القياس (MEASUREMENT) :

يعني مفهوم القياس في اللغة التقدير ،حيث يقال قاس الشيء بغيره أو على غيره أي قدره على مثاله. هذا ويعرف ستيفنز (STEVENS) القياس بأنه عملية إسناد الأرقام إلى الأشياء أو الأحداث وفقاً لقواعد. أي إننا إذا أردنا أن نقيس شيئاً ما استوجب القياس القيام بعمليات نقارن فيها الشيء بمعيار أو مقياس معين حسب قواعد معينة.في حين يعرف جونز (JOHNES) القياس بأنه جمع معلومات لغرض معين عن أجسام أو كائنات أو أحداث (تحديد لمقدار خاصية معينة للجسم أو للكائن أو الحدث على أساس وحدة القياس) .

ويرى كرونباك (CRONBACK) إن القياس معناه إعطاء رقم على مقياس من وحدات متساوية لكل فرد ولكل خاصية. القياس هنا هو قياس الخصائص. هذا ويمكن تلخيص اوجه الشبه الأساسية في التعريفات بما يأتي :-

1- استخدام الأرقام في تمثيل البيانات.

2- قواعد لاستخدام الوحدات (تمثيل البيانات طبقاً لقواعد) أما اوجه الاختلاف بينها فإنها تدور حول طبيعة هذه القواعد. فبعضهم يشترط وجود وحدات وبعضهم يشترط أي قواعد يطبقها عند اخذ الملاحظات الكمية، هذا ويمكن ملاحظة بعض الخصائص الأخرى للقياس عموماً كما متضمن في التعاريف السابقة منها إن القياس هو عملية محايدة لا تتضمن مفهوم (الجدة) أو (الرداءة) أو الأحكام القيمية، وفي أي موقف فان مدى كفاية القواعد تحدد كفاية القياس هذا ولابد من الإشارة إلى انه من السهولة قياس خصائص مادية معينة بأدوات مناسبة ومقاييس مباشرة وبدرجة كبيرة من الدقة كالطول والارتفاع والمسافة. ولكن التعاريف السابقة تتضمن كذلك العمليات المجردة كقياس التحصيل أو القدرة والخصائص

الأخرى للفرد منفردة أو مجتمعة، حيث إن مفاهيم من هذا القبيل لا تملك عادة وجود مادي كما لو كنا نقيس ساحة كرة القدم مثلاً.. وعليه فانه يمكننا تعريف القياس إجرائيا بأنه (عملية تحديد القيمة للشيء المراد تقويمه) وبذلك يكون القياس إحدى وسائل أو أدوات التقويم أو خطوة من خطواته حيث انه من الصعب جداً أن نصل إلى تقويم دقيق وسليم دون اللجوء إلى القياس.

التقويم (EVALUATION)

التقويم عملية شاملة تتضمن إصدار حكم معين في ضوئه يتم التطوير والتحسين. فعندما نقيم شيئاً ما نقول هذا حسن أو رديء بغية تحسينه أو تطويره نحو الأفضل وللقيام بعملية التقويم لابد من توافر بيانات ومعلومات حول الشيء المراد تقويمه. وبمعنى أوضح إن التقويم عملية تؤدي استناداً إلى توافر معايير محددة مسبقاً هذا ويتضمن التقويم عمليتين هما :القياس وإصدار حكم يتضمن القيمة. أو بعبارة أخرى قياس مدى تحقيق الأهداف التربوية ومدى القرب أو البعد عن تحقيق هذه الأهداف .. إذن فتحديد الأهداف يسبق عادة عملية التقويم. ومع ذلك ففي بعض الأحيان يجري التقويم لنستنتج منه الأهداف المقصودة (أي إن التقويم في التربية عمليةديناميكية مستمرة). هذا وفي مجال الرياضيات فان إدراك مفهوم التقويم وفقاً للمضامين السابقة سيزودك ببصيرة للإجابة على أسئلة من قبيل :-

1- لماذا أدرس الرياضيات في المرحلة الابتدائية أو الثانوية ؟ وهل أستطيع أن احدد أهدافي من تدريس هذه المادة بشكل دقيق ؟
2- كيف يمكن أن يساعدني في تحقيق الأهداف في جعل صفوف الرياضيات اكثر فعالية ؟
3- عندما أكون قد حددت أهدافي كيف سأخطط نشاطاتي في الصف ؟
4- كيف ستكون طبيعة الأسئلة المعطاة إلى التلاميذ فيما يتعلق بالتحقق ما إذا كانوا حققوا الأهداف ؟
5- ما الذي يمكن عمله عندما أجد طلبتي يجابهون صعوبات تقف في طريق الإنجاز المناسب في الرياضيات ؟

أنك في تحليلك عملية التقويم ـ التعلم في ضوء الإجابات التي توصلت إليها حول الأسئلة أعلاه ستحصل على معرفة واضحة حول الوسيلة الأكثر فعالية للتعلم والاختبار في الرياضيات. هذا وللتمييز بين القياس والتقويم نضرب المثال الآتي :

لنفرض أن أحد المدرسين أعطى لطلابه اختباراً موضوعياً في مادة الرياضيات مكوناً من (50) فقرة من نمط الاختيار من متعدد. يسأل أحد الطلبة المدرس عن كيفية إجابته، فيجيبه المدرس بأنه أجاب (40) فقرة من الاختبار بشكل صحيح ..يعاود الطالب سؤاله للمدرس (ما مستوى الدرجة التي احصل عليها ؟) يجيب المدرس: (جيد جداً) أو (جيد).

إن عبارات من هذا النوع تشير إلى التقويم لأنها تتضمن حكم المدرس على نوعية تحصيل الطالب. التقويم لا يقف عند هذا الحد التشخيصي بل انه يعمل على إعانة الطالب على التحسس بنقاط ضعفه وقوته ليستفيد منها في تحسين مستواه في المستقبل. أي إن التقويم هو عملية تشخيصية وعلاجية في الوقت نفسه. ولتحديد قيمة الدرجة التي حصل عليها الطالب في هذا الموضوع لابد من مقارنتها بدرجات الطلبة الآخرين في الاختبار نفسه، فقد تكون درجة جيدة أو واطئة حسب مستوى الطلبة العام في ذلك الاختبار.

الاختبار (TEST)

بما إن القياس هو العملية التي يتم بها تحديد السمة أو الخاصية تحديداً كمياً فان الاختبار هو الأداة التي تستخدم للوصول إلى هذا التحديد أو التحكيم، ولكن يبقى السؤال مطروحاً ما هذا الاختبار ؟ ومم يتكون ؟ وللإجابة على هذا التساؤل نقول إن الاختبار هو مجموعة من الأسئلة أو المواقف التي يراد من الطالب (أو أي شخص) الاستجابة لها وتسمى الأسئلة أو المواقف هذه فقرات الاختبار. ومن الجدير بالذكر أن المواقف التي يتضمنها الاختبار لقياس سمة معينة عند فرد ما لا تشتمل كل الدلالات التي تشير إلى وجود هذه السمة أو السلوك ،إذن فالاختبار التربوي أو النفسي (هو عبارة عن عينة صغيرة ولكنها ممثلة للسمة أو الخاصية المراد قياسها).

أنواع القياس :

يمكن أن نقسم القياس إلى نوعين :

1- القياس المباشر: وهو أن نقيس الصفة، أو الخاصة نفسها، دون أن نضطر إلى قياس الآثار الناجمة عنها، فعندما نقيس طول الإنسان، فنحن نقيسه بطريقة مباشرة، حيث نستعمل أداة للقياس في ذلك مثل المتر أو الذراع.

2- القياس غير المباشر: في مثل هذه الحالة لا نستطيع قياس الصفة أو الخاصية بطريقة مباشرة، وإنما نقيس الآثار المترتبة عليها لنتوصل من خلال ذلك إلى كمية الصفة أو الخاصية، فالذكاء مثلاً لا نستطيع أن نقيسه بشكل مباشر حيث انه يستحيل أن ننتزع الذكاء من الإنسان ونضعه بميزان وإنما نقوم بتصميم اختبارات خاصة بالذكاء ونجريها على الإنسان ونستدل على الذكاء من خلال نتائج الاختبارات.

خصائص أو طبيعة القياس النفسي والتربوي :

يتعامل المدرس في غرفة الصف مع اكثر من نوع من السمات فهو يتعامل على الأغلب مع التحصيل وهذا ما يشار إليه (بالقياس التربوي) إلا أن هناك سمات أخرى لا يستطيع المدرس إهمالها أو فصلها عن سمة التحصيل مثل القلق والذكاء والصفات الشخصية المتعلقة بالميول والاتجاهات وهذا ما يشار إليه (بالقياس النفسي) ويتعامل مع سمات من نوع آخر مثل الطول والوزن والقدرة السمعية والقدرة البصرية وهذا ما يشار إليه (بالقياس الفيزياوي) أما (القياس الصفي) فهو قياس نفسي تربوي. فالقياس النفسي والتربوي كمي وهو غير مباشر ويحدث عادة في القياس التربوي والنفسي خطأ ما وعلينا اكتشافه بالطرق الإحصائية، ثم نزيله قبل استعماله النتائج أو تفسيرها ومن بين هذه الأخطاء:

أ- أخطاء الصدفة: مثل التخمين في الاختبارات الموضوعية، والرغبة الاجتماعية في بعض المقاييس النفسية والشخصية والاجتماعية.

ب -أخطاء التحيز: والتي قد تنتج عن الخلفية السابقة للمقوم.

ج- أخطاء البنية التي يتصف بها المقوم مثل : الليونة أو القسوة أو الاعتدال ومما تجدر الإشارة إليه إن الصفر في القياس النفسي صفراً نسبياً وليس صفراً حقيقياً فهو لا يدل على عدم وجود الشيء، فإذا حصل طالب على صفر في وحدة من وحدات الرياضيات وانما هو يعني انه لا يعرف شيئاً بالنسبة لهذه العينة من الأسئلة، فإذا استبدلنا الأسئلة هذه بأسئلة أخرى اسهل منها فان درجته ربما تتحسن.

العلاقة بين القياس والتقويم والاختبار

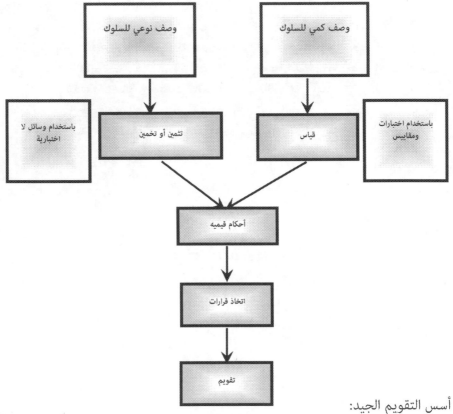

أسس التقويم الجيد:

لكي تكون عملية التقويم الجيد محققة لأغراضها ينبغي أن تراعى فيها الأسس التالية:

1- يجب أن يبني التقويم على أهداف التعليم في الجهة التي يجري فيها التقويم. ففـي مجـال الرياضيات إذا كان المدرس يريد قياس قدرة طلبته على الاستدلال المنطقي عن طريق إثبات نظريات معينة، فان الاختبار يجب أن يقـيس هـذا الهـدف لا أن يقيس قدرة طلبته على حفظ هذه البراهين.

2- التقويم عملية مستمرة تبدأ مع التعلم وليس بعد انتهائه، فالملاحظات اليومية والاختبارات المستمرة هي التي تشكل العملية التقويمية والتي ينبغي أن تسير جنبا إلى جنب مع التعلم.

3 التقويم عملية تعاونية يشترك فيها المعلم والمدير والمشرف التربوي لتكون نتائجها سليمة ومؤدية إلى التحسين والتطوير.

4- التقويم عملية شاملة :أي أن يكون التقويم شاملاً لكل نواحي الطالب لا أن يقتصر على جانب واحد هو تقويم تحصيله المعرفي، بل يتسع ليشمل قياس نموه العقلي والجسمي والانفعالي والاجتماعي.

5- يجب أن تكون وسائل التشخيص في التقويم صادقة .أي أنها تقيس ما يقصد منها وأن تقيس صفة لوحدها.

6- يجب أن يراعي في التقويم الاقتصاد في المال والجهد والوقت.

7- يجب أن يأخذ التقويم بنظر الاعتبار مبدأ مراعاة الفروق الفردية في القدرات والمهارات.

8- يجب أن تستخدم نتائج التقويم في العملية التعليمية.

وسائل التقويم :

يمكن أن يقوّم المدرس طلبته من خلال استخدام مختلف الوسائل وأهمها :

1-ملاحظة نشاط الطالب داخل الصف من حيث انتباهه في الصف وأسئلته وأجوبته وتعليقاته وغير ذلك.

2-مقابلة الطالب للتعرف على مدى فهمه للدرس والبحث معه في الصعوبات التي تواجهه وعن سبب تخلفه إن كان متخلفاً عن أقرانه.

3-تحليل عمل الطالب في ما يقوم به من نشاطات إبداعية وابتكارات ذاتية.

4-الواجبات البيتية التي يكلف الطالب بالقيام بها ومدى نجاحه في ذلك. يمكن أن تكون أسلوبا جيدا أو وسيلة جيدة من وسائل التقويم.

5-التقويم الذاتي وذلك بالاعتماد على الطلبة أنفسهم في تقويم ذواتهم في ضوء أسس معينة يحددها لهم المدرس يشخص الطلبة في ضوئها نقاط ضعفهم وقوتهم.

6-الاختبارات وهو الأسلوب الشائع استعماله في المدارس علما إن هنالك أنواع مختلفة من الاختبارات سنتطرق لها في فصول لاحقة.

أنواع التقويم :

أولاً : حسب التوقيت الزمني للتقويم في العملية التدريسية :

1- التقويم التمهيدي (القبلي)

تسير العملية التدريسية وفق خطوات منظمة تبدأ بتحديد الأهداف التي تبين نواتج التعلم أو ما نتوقعه من المتعلم في نهاية التعلم. فهي توجه عمل المدرس وترتكز عليها عملية التقويم وتنتهي هذه العملية باتخاذ قرارات تمهيداً لبداية جديدة.

إن إجراء تقويم قبلي (تمهيدي) خطوة ضرورية فقد يؤدي (أي التقويم التمهيدي) إلى :

أ-اتخاذ قرار بإعادة النظر في الأهداف التي لم يتمكن الطلبة من متطلباتها السابقة.

ب-اكتشاف الأهداف التي يتقنها الطلبة قبل تنفيذ عملية التدريس مما يترتب على ترك وحدة كاملة والانتقال إلى وحدة أخرى والتركيز عليها.

ج-اتخاذ قرار بتقسيم الطلبة إلى مجموعات أكثر تجانساً حسب درجة التمكن أو حسب طريقة التعلم.

2-التقويم التكويني أو البنائي (FORMATIVE)

هذا التقويم يسير جنباً إلى جنب مع عملية التدريس فهو يزود المدرس والطالب بالتغذية الراجعة المتعلقة بالنجاح والفشل. فالطالب يشعر بنجاحه ويحدد أخطاءه، والمدرس يعدل خططه على ضوء النتائج. وهكذا فان الهدف الأساسي من هذا التقويم هو توجيه تنفيذ عملية التعلم. وتتم في هذه الخطوة نقطة هامة وهي أن بعض الطلبة لا يبدون تقدماً مرضياً كما تشير إليه نتائج أدوات التقويم المستعملة، كما أنهم لا يبدون تحسناً بالرغم من إجراء تدريسي علاجي. ولذلك يتطلب إجراء تقويم آخر وهو :

3- التقويم الختامي أو التجميعي (SUMMATIVE)

والخطوة الأخيرة والتي تعتبر نهاية لبداية جديدة، هي التقويم الختامي لنواتج التعلم في نهاية وحدة أو فصل أو سنة دراسية، ويستخدم هذا النوع لاتخاذ القرارات المتعلقة بنقل الطلبة من مرحلة إلى أخرى أو بتخريجهم أو منحهم الشهادة.

كما يستخدم في الحكم على مدى فاعلية المدرس والمناهج المستخدمة وطرائق التدريس. تختلف اختبارات التقويم الختامي عن اختبارات التقويم البنائي من حيث الغرض وفي أنها أطول واعقد واشمل واعم، كما أنها تدور حول العموميات وتتألف من أسئلة هي عبارة عن عينة ممثلة للأهداف و أجزاء المادة، بينما تضم أسئلة الاختبارات البنائية النقاط الهامة جميعها لا عينة ممثلة لها ويتم إعدادها من قبل المعلم أو من قبل فريق يتم اختياره ضمن منطقة تعليمية معينة، حيث يعتمد هذا على الغرض الأساسي من إجرائها.

التقويم التشخيصي (DIAGNOSTIC)

حينما يظهر إن بعض الطلبة لا يبدون تحسنا بالرغم من إجراء تدريسي علاجي، ربما كان ذلك إشارة إلى وجود صعوبات في التعليم نتيجة لأسباب قد تكون جسمية أو عقلية أو نفسية، ويتطلب الكشف عنها تقوياً خاصاً هو (التقويم التشخيصي) الذي يهدف إلى اكتشاف نواحي الضعف والقوة في تحصيل الطلبة وهنا يتطلب تطبيق نوع من الاختبارات النفسية كاختبارات القلق ومفهوم الذات أو اختبارات أخرى.

يلاحظ مما سبق وجود عدة أنواع من التقويم تفرض نفسها بوقت محدد من عملية التدريس. وعندما يبدأ المدرس مع صف جديد نجد انه يصرف بعض الوقت في التعرف على مستوى طلبته ومشكلاتهم، وتجده يطرح أسئلة حول المادة وينتظر إجابات شفوية من الطلبة، وقد يكتفي بعدد من الأسئلة. وبعدد الأصابع التي ترفع لتشير إلى عدد من يعرفون الإجابة، بينما تجد مدرساً آخر يعطي درجة أعلى من الاهتمام في التقويم التمهيدي، إذا كان لا يعرف طلبته مسبقاً. لذلك نجد بعض المدرسين يفضلون الانتقال مع صفوفهم.

وفيما يلي مخططاً يبين موقع التقـويم مـن العمليـة التدريسـية [مـأخوذ بتصرف مـن
(BROWN ,1981.P.9)].

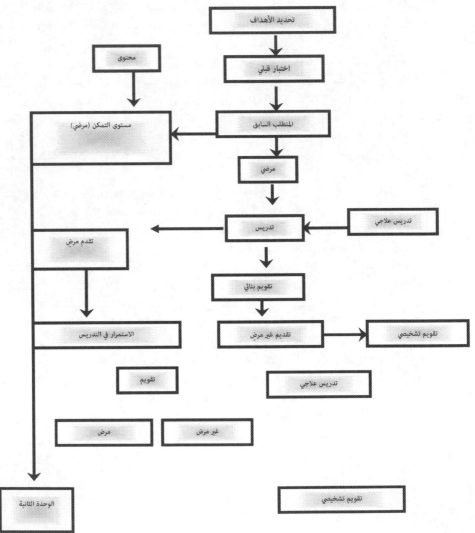

تحديد الأهداف

محتوى

اختبار قبلي

مستوى التمكن (مرضي)

المتطلب السابق

مرضي

تدريس علاجي

تدريس

تقدم مرض

تقويم بنائي

الاستمرار في التدريس

تقديم غير مرض

تقويم تشخيصي

تقويم

تدريس علاجي

مرض

غير مرض

الوحدة الثانية

تقويم تشخيصي

ثانياً : حسب تفسير نتائج الاختبارات التحصيلية :

وينسب هذا التفسير إلى جليسر (GLASSER,1963) وقد صنفها في فئتين هما :

1-معيارية المرجع (NORM –REFERENCED)

حيث يقارن أداء الطالب على الاختبار بأداء مجموعته المعيارية (NORM-GROUP) فقد تكون هذه المجموعة من طلاب صفه، أو من هم في نفس المستوى الأكاديمي أو العمري محلياً أو عالمياً. كأن تفسر درجة طالب في الرياضيات مثلاً على انه أعلى تحصيلاً من 80% في مادة الرياضيات. وقد تفسر الدرجة أويتم الحكم على أداء الطالب في امتحان معين من خلال موقع درجته بالنسبة للمتوسط الحسابي لعلامات الصف. فالمتوسط الحسابي هنا هو المعيار (NORM). ولذلك شاع استخدام تحويل الدرجات الخام (العلامات الظاهرية) في الامتحانات إلى درجات معيارية مثل الدرجات المعيارية الزائية (Z-SCORS) والدرجات المعيارية التائية (T-SCORS) بحيث يأخذ شكل التوزيع لهذه الدرجات شكلا مشابهاً لتوزيع الدرجات الظاهرية، أو تحولاً بطريقة يكون فيها شكل التوزيع مختلفاً، كأن يحول التوزيع الملتوي إلى توزيع اعتدالي (سنتناول تفصيل ذلك في فصل لاحق) وتعتبر اختبارات معيارية المرجع من وسائل التقويم الختامي، وبالتالي تجرى مرة واحدة سنوياً أو كل فصل دراسي، وتشمل المادة كلها في الغالب. أي ينظر إلى المادة الدراسية كلها لا أجزاءها فقط.

وقد حدد العالم (كروبو) شروط إعداد الاختبارات معيارية المرجع كما يأتي:

أ-عمل جدول مواصفات للتقيد بالأوزان الحقيقية لجوانب المادة الدراسية (سيأتي تفصيلها لاحقاً).

ب-تحديد الأهداف المراد قياسها.

ج-تحديد الطلاب المراد تطبيق الاختبار عليهم.

د-تهيئة ظروف مناسبة وموحدة للطلاب.

2-محكية المرجع (CRITERION-REFERENCED) :

حيث يقارن أداء الطالب بمستوى أداء معين يتم تحديده بصرف النظر عن أداء المجموعة ،كأن يجيب الطالب عن 80% من أسئلة الاختبار على الأقل، أو أن يطبع 50 كلمة في الدقيقة طباعة صحيحة. ويستخدم هذا النوع من التفسير لنتائج القياس في المرحلة الابتدائية ورياض الأطفال، مع ملاحظة تزايد الاهتمام بهذا النوع من التفسير في جميع المراحل نظراً للاهتمام بالتعليم للوصول إلى حد الكفاية (COMPETENCY) حيث يتوقع من الطالب أن يصل إلى مستوى معين كأن يحقق 90% من الأهداف أو أن يجيب عن 95% من الأسئلة. ومما تجدر الإشارة إليه أن هناك الكثير من المواقف لا تحتمل التفسير المعياري المرجع .فقد يتقدم 50 طالباً لامتحان السواقة. ولا نفاجأ إذا لم ينجح أحد، بمعنى إننا لا نتوقع أن تقوم دائرة المرور بإعطاء إجازة سواقة لأفضل 20% مثلاً، فقد لا يحقق افضل المتقدمين الحد الأدنى من الكفايات. وينطبق هذا الكلام على تحصيل الطلبة وإتقانهم لمهارات الرياضيات، صحيح أنه يمكن مقارنة طالب بزميله ولكن بشرط أن يكون الجميع فوق مستوى الإتقان أو التمكن، فقد يكون المستوى أن يحفظ الطالب 80% من حقائق الضرب الأساسية التي يحددها المعلم ولكن قد نتوقع وجود فروق بين الطلبة فوق هذا المستوى ونقبل به لأنه شيء طبيعي في مرحلة عمريه معينة. ونلاحظ بعض الجامعات تحدد الحد الأدنى لمعدل النجاح في الموضوع الواحد 60% مثلاً، ويتوزع الطلبة بين (60-100) وتحدد الجامعة المقبول أيضاً في ضوء العرض والطلب. ولذلك نتوقع أن يتم مزج التفسير المعياري مع المحكي في كثير من المواقف التعليمية.

خصائص الاختبارات المحكية :

1- يحدد المحك لهذه الاختبارات بناءً على خبرة المدرس ومعرفته بطلبته.

2- في الاختبارات المحكية المرجع يقارن أداء الطالب بالمحك وليس بغيره.

3- الاختبارات المحكية المرجع من وسائله التقويم التكويني (البنائي): وهذا يعني انه قد يجري عدة مرات للمادة الواحدة والتي قد يحدد المدرس محكات لكل اختبار من المادة نفسها، وبالتالي فان نجاح الطالب في إحداها لا يعني نجاحه في المادة جميعها.

4- تقسم الاختبارات المحكية المرجع حسب أغراضها إلى قسمين هما :

أ- اختبارات محكية صفية : وفي هذا النوع من الاختبارات لا تقارن نتائج طلاب الصف بالمحك بشكل فردي وانما تقارن نتائج الطلاب جميعهم في الصف الواحد بشكل جماعي، وهنا يعتبر تحقيق المحك دليلاً على تحقيق المعلم لأهداف المادة الدراسية.

ومثال ذلك : لو فرضنا أن مدرس الرياضيات قام بتحديد الهدف التالي كمحك لتحقيق أهداف تدريس الجبر أن يحل 70% من طلبة الصف الثالث المتوسط تمارين العامل المشترك الأكبر والمضاعف المشترك الأصغر فإذا اجري اختبار لهؤلاء الطلبة وتبين أن 70% منهم قد حلوا التمارين المذكورة بشكل صحيح فان المدرس سيعتبر أن أهدافاً تدريسية لهذه المادة قد تحققت.

ب- الاختبارات المحكية للطالب : في هذا النوع من الاختبارات المحكية يقارن أداء الطالب بهذه المحك للتعرف على مدى تحقيقه للأهداف.

ومثال ذلك : يحدد المدرس إجابة صحيحة لخمسة أسئلة من ثمانية كشرط لنجاحه في امتحان يومي أو غيره، وهنا إذا استطاع الطالب حل خمسة أسئلة فأكثر من بين الأسئلة الثمانية بصورة صحيحة فانه يمكن القول أنه قد نجح وحقق الأهداف من تلك المادة وإذا لم يتمكن إلا من حل أربعة أسئلة أو أقل بشكل صحيح من بين الأسئلة المذكورة، فانه يعتبر فاشلاً في الامتحان.

5-يمكن للمدرس أن يحدد درجات لهذه الاختبارات.

6-إن الاختبارات محكية المرجع تحدد ماذا يعرف الطالب في مادة ما وماذا يستوعب منها.

7-ولعمل اختبارات محكية المرجع عالية الدقة من قبل المدرس عليه أن يحدد :

أ-المطلوب من الطالب تحقيقه بدقة.

ب- كيفية قياس أداء التحصيل بدقة.

ج- الوقت المناسب لقياس أداء الطلبة.

د- الحد الأدنى للنجاح.

ه- كيف يمكن زيادة أو تقليل الحد الأدنى للنجاح في ضوء عدد الراسبين والناجحين.

و- هل المحك للصف ككل أو للطالب الواحد .

ز- ماذا يجب أن يعمل اتجاه الطلبة الذين فشلوا في الامتحانات أو على المحك.

عينة أسئلة للتقويم الذاتي

س1: أجب بنعم أو لا :

1-عندما تعتبر مؤسسة تعليمية إن الحد الأدنى للدرجات =30 فإن هـذه الدرجـة تعـادل صـفراً افتراضياً.

2-تعتبر الاختبارات من أهم أدوات التقويم الصفي.

3- معظم الاختبارات التي تطبق في المدرسة مقننة.

4- تشير كلمة (عينة) في تعريف الاختبار إلى عينة الأفراد الذين يطبق عليهم الاختبار.

5-إذا اعتبر المدرس أن جميـع طلبـة الصـف راسبون في امتحـان معـين. فهـذا يعنـي إن تفسـير المدرس لدرجات طلبته معياري المرجع.

6-يؤدي الاختبار غرضاً تشخيصياً عندما يكشف عن عجز تعليمي.

س2:ارسم أنموذجاً للعملية التدريسية مبيناً مواقع التقويم و أنواعه.

س3:وضح بمثال كيف يمكن أن تكـون تفسـير نتـائج مجموعـة مـن الطلبـة علـى اختبـار معـين معياري المرجع و بالوقت نفسه محكي المرجع.

س4:فسر ما يأتي :

أ-القياس ضروري ولكنه شرط غير لازم لعملية التقويم.

ب- تشتمل إجراءات عملية التقويم بصورة ضمنية على إجراءات عملية القياس.

س5:عدد الأخطاء التي تحدث عادة في القياس النفسي التربوي.

س6:ارسم أنموذجاً يوضح العلاقة بين القياس والتقويم والاختبارات.

س7:عدد أنواع القياس واذكر أمثلة لكل منها.

س8: تحدث عادة في القياس التربوي والنفسي أخطاء علينا اكتشافها بالطرق الإحصائية ثم نزيلها قبل استعمال النتائج أو تفسيرها. تكلم عن ثلاثة أخطاء تعرفها.

س9:اذكر شروط أعداد الاختبارات معيارية المرجع.

س10:ماذا يحدد المدرس لعمل اختبارات محكية المرجع عالية الدقة.

س11:صل من القائمة الأولى ما يناسبه من القائمة الثانية.

القائمة الثانية		القائمة الأولى
أ-القياس الصفي		1-التحصيل
ب-القياس التربوي		2-الذكاء
ج-القياس النفسي		3-القدرة السمعية
د-القياس الفيزياوي		

الفصل الثاني
أنواع الاختبارات التحصيلية

الفصل الثاني: أنواع الاختبارات التحصيلية

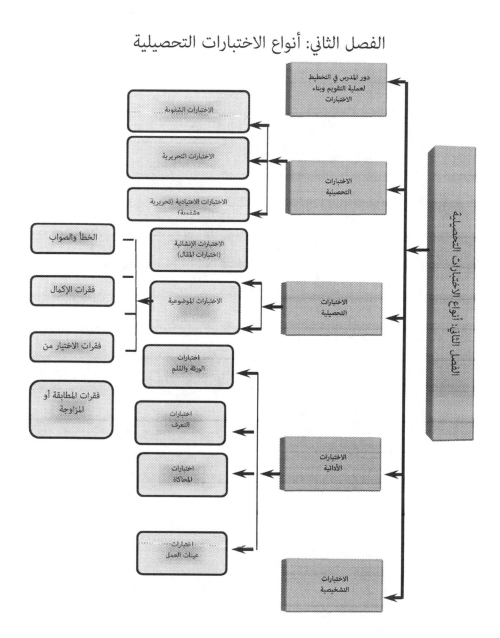

أهداف الفصل

يتوقع من القارئ في نهاية الفصل أن :

1- يوضح دور المدرس في عملية التقويم بالاختبارات.

2- يبين أنواع الاختبارات التحصيلية.

3- يبين حسنات الاختبارات الشفوية.

4- يبين عيوب الاختبارات الشفوية.

5- يبين طرق تحسين الاختبارات الشفوية.

6- يبين مزايا الاختبارات الإنشائية.

7- يبين عيوب الاختبارات الإنشائية.

8- يبين طرق تحسين اختبارات المقال.

9- يبين مزايا الاختبارات الموضوعية.

10- يبين عيوب الاختبارات الموضوعية.

11- يبين طرق تحسين استخدام الاختبارات الموضوعية.

12- يبين أنواع الاختبارات الموضوعية.

13- يبين قواعد تصميم أسئلة :

الصواب والخطأ

الاختبار من متعدد

التكميل

المزاوجة أو المطابقة

14- يبين مزايا وعيوب الاختبارات الموضوعية.

15- يبين أنواع الاختبارات العملية والادائية.

16- يبين وظائف الاختبارات العملية.

17- يعد أنموذج اختبار تشخيصي في مجال الرياضيات في المرحلة التي يقوم بتدريسها.

دور المدرس في التخطيط لعملية التقويم وبناء الاختبارات :

تتميز العملية التدريسية في حاجتها الماسة للتخطيط المسبق وخطة يومية ولكل حصة أو محاضرة، فالمدرس يعّد خطة سنوية أو فصلية، ولابد أن نجد خطة خاصة بالتقويم ضمن الخطة العامة. ويخطط المعلم عادة في ضوء نظام الـدرجات في المدرسـة، وفي ضـوء التعليمات المتعلقة بالتقويم والامتحانات ،وفيما يلي بعض المؤشرات والممارسـات الدالـة عـلى قيامـه بهـذا الدور :

1- يحتفظ المدرس بسجل الدرجات،حيث يتم اعتماد هذه الدرجات في اتخاذ القرارات، وإصدار الشهادات المدرسية، ويتم هذا عادة بصفة رسمية.

2- وجود حد أدنى من الامتحانات التي يطلب من المدرس أن يجريها على طلبته.

3- وجود عدد من الاختبارات القصيرة والتي يتم تطبيقها بتجديد من المدرس.

4- التنوع في أساليب جمع المعلومات عن تحصيل الطالب وإتقانه المهارات مثل:

أ- الأسلوب الشفوي في حالة ضعف الطالب في القراءة والكتابة.

ب- التقارير والبحوث: فقد يطلب المدرس من الطلبة إعداد تقارير فرديـة أو جماعيـة، وقـد يكون الهدف منها مراعاة الفروق بين الطلبة.

ج- الملاحظة المباشرة: مثل مراقبـة الطالـب للتعـرف عـلى سـلامة إجـراء تجربـة مختبريـة أو تحضير شريحة مجهرية وغيرها.

د-التعيينات والواجبات البيتية، وأغلبها يركز على إجابة أسئلة مطروحـة في الكتـاب المقـرر وأسئلة يعدها المدرس، أو أعمال كتابية لتنمية مهارات محددة.

هـ-المشاركة الصيفية: حيث نجد إن أسلوب التفاعل الصيفي على صورة   سؤال – جـواب، وقد تكون الأسئلة موجهة لطالب محدد، أو لمجموعة من الطلبـة، وربمـا يقـوم المـدرس برصد بعض الإشارات المميزة لنشاط طالب.

و- الاختبارات: وهي على الأغلب اختبارات من إعداد المدرس، مع انه يلـزم أحيانـا لتطبيـق الاختبارات المقننة حيث تجتمع من مجتمع إلى آخر في الكم والنوع.

5- التنوع في أسئلة الاختبارات للمادة أو المبحث الواحد عندما تدرس من قبل مدرسيَن أو اكـثر إذا لم يتم التنسيق بينهما.

6- احتفاظ المدرس بملف للأسئلة. أو ما يمكن تسميته ببنك الأسئلة وهو ملف ينمو ويتطور مع المدرس من حيث إضافة أسئلة جديدة وحذف أسئلة أو تعديل فقرات أخرى بـدلاً مـن حذفها كلياً.

الاختبارات التحصيلية :

أولاً-الاختبارات الشفوية :

إن الاختبارات الشفوية وسيلة من الوسائل الشائعة في تقييم عملية التعلم وفيها يختبر تلامـذة أو طلبة الصف الواحد شفوياً بدلاً من أن يختبروا تحريرياً، والاختبارات الشفوية لهـا حسناتها وعيوبها وهي سائدة في مدارسنا وخاصة في الصفوف الأولى من المدرسة الابتدائية

ومن حسناته :

انه يشجع التلامذة والطلبة على الكلام ويقضي على الخجل، ويصلح من أخطائهم حال وقـوعهم فيها ويدربهم على حسن الإجابة و آداب الكلام. كـما يتيح الشـفوي للمعلـم الفرصـة ليقـوم بعملية التعليم أثناء الاختبار فمن الممكن لـه أن يصـحح مـا يظهـر مـن أخطـاء خلالهـا بمجـرد حدوثها.

غير أن لهذه الاختبارات عيوباً منها :

1- يتطلب وقتاً طويلاً عند إجراء هذا الاختبار على عدد كبير من التلامذة أو الطلبة.

2- قد يرتبك الطالب أحياناً، ويترك انطباعاً سيئاً في نفس المدرس عنه، لاسيما حينما يكون الوقت قصيراً ويحتاج السؤال إلى تفكير وتأمل طويل فيحمل على تقدير الإجابة.

3- إن هذا النوع من الاختبار لا يتيح للمدرس فرصة لكي يسبر غور فهم الطالب للوحدة الدراسية أو المنهج الدراسي بأكمله.

4-إن التجارب أثبتت أن الأسئلة التي تحتاج إلى تفكير عميق وإلى استنباط لحقائق المادة وإلى إجابة معقدة، مطولة لا يمكن أن تتحقق في الامتحانات الشفوية.

5- إن ظروف مثل هذا الاختبار الشفوية لا تترك لدى الطالب الفرصة السانحة أو الزمن المطّول بالإجابة على مثل هذه الأسئلة ولذلك اقتصرت الاختبارات الشفوية على ذلك النوع من الأسئلة التي يمكن الإجابة عليها بحقائق مبتورة.

طرق تحسين الاختبارات الشفوية :

1- يفضل أن يقوم بالاختبار أكثر من معلم. توخياً للصدق والموضوعية في تقدير الدرجة.

2- تحديد درجة الطالب من خلال جلستين وليس من خلال جلسة واحدة.

3- أن يتحدد الغرض من الامتحان ، وتتبين طبيعة الأسئلة التي سيجيب عليها الطلبة.

ثانياً-الاختبارات التقليدية (الامتحانات) :

وهي اختبارات تحريرية موضوعية وإنشائية يشيع استعمالها في المدارس وفي كافة المراحل الدراسية تقريباً وهي تكون على أنواع مختلفة لكل منها مزايا ونقاط ضعف وسيأتي ذكرها فيما بعد.

1- الاختبارات الإنشائية (اختبارات المقال) :

في هذا النوع من الاختبارات يطلب الممتحن أن يدلي بما عنده من معلومات أو يمارس عمليات تفكير وفق ما يقتضيه نوع الأسئلة كأن يطلب من الممتحن شرح أو تعليل أو تعداد أو تعريف وغير ذلك .

ومن مزايا هذا النوع من الاختبارات :

أ- يمكن أن تقيس أو تحفز مستويات عالية من التفكير كالتحليل والاستنتاج والتطبيق وغير ذلك. كما يمكن من خلالها تحفيز التفكير الإبداعي لدى الطلبة.

ب- تمرن الطلبة على التفكير اللغوي.

ج- تساعد الطلبة على تنظيم أفكارهم وعرضها وتوضيحها للقارئ.

د- تعين الطلبة على اكتساب عادات جيدة في القراءة والتحضير للاختبار حيث إن طبيعة هذه الأسئلة تشجع الطلبة على تحليل وتلخيص ما يقرأونه.

ولهذا النوع من الأسئلة بعض نواحي القصور أو الضعف منها:

أ- تصحيحها تنقصه الموضوعية، حيث غالباً ما يتأثر بحالة المدرس النفسية أو الجسمية أثناء وقت التقييم كذلك يتأثر بمعرفة اسم الممتحن و تسلسل ورقته الامتحانية.

ب- تصحيحها يأخذ وقتاً طويلاً.

ج- لا تعبر أسئلة المقال إلا عن جزء يسير من المادة الدراسية.

د- كثيراً ما يقع الطالب تحت رحمة الصدفة التي تنجم عن اختيار الأسئلة.

فقد تأتي أسئلة الامتحان لها علاقة مباشرة بأجزاء من المادة الدراسية التي درسها الطالب قبل دخوله قاعة الامتحان مباشرة، وقد يخونه الحظ عندما يأتي معظم أسئلة الامتحان من جزء من المادة لم تتح له الفرصة لدراستها جيداً.

<u>ملاحظة:</u> سميت باختبارات المقال لأنها تتألف من مجموعة من الأسئلة ،وتتطلب إجابة مستفيضة، يحرر الطالب أثناءها مقالة، أو يعد تقريراً في موضوع واحد أو أكثر، ويكون طيلة الوقت مشغولاً بالبحث والمقارنة والاستدلال وتذكر الحقائق والمبادئ العامة.

لذلك تستلزم الامتحانات التحريرية (الإنشائية) هذه: طالباً حسن التعبير، قوي الحجة، منطقي التفكير، مستقل التفكير، يربط الحوادث ربطاً محكماً، ويستخلص منها رأياً، أو يقيم دليلاً ويفند فرضية.

مقترحات لتحسين استخدام اختبارات المقال :

1- اجعل الاختبار يتضمن النقاط المهمة من المادة الدراسية وليس النقاط الهامشية البسيطة.

2-اجعل أسئلة الاختبار ملائمة للوقت المخصص لها.

3-ابدأ بالأسئلة البسيطة في ورقة الامتحان.

4-اجعل صياغتك للأسئلة واضحة لا تحتاج إلى تفسير أثناء فترة الامتحان.

5- لا تترك خياراً للطلبة في أسئلة الامتحان ،جميع الأسئلة مطلوب الإجابة عليها (لماذا ؟).

6- حدد بصورة تقريبية ما يجب أن يكون عليها طول الجواب بالنسبة لكل سؤال حتى لا يسهب الطلبة في كتابتهم.

7- بين الوزن المخصص لكل سؤال بالنسبة للأسئلة الأخرى.

8- ضع أجوبة أنموذجيه يتم في ضوئها التصحيح.

9- لا تبدأ عملية التصحيح (التقويم) عند شعورك بالتعب أو الانزعاج.

10- اقرأ الجواب اكثر من مرة قبل أن تضع عليه الدرجة التي يستحقها.

11- صحح سؤالاً واحداً في جميع الأوراق الامتحانية ثم ابدأ بسؤال آخر بعد انتهائك من السؤال السابق (لماذا ؟).

12-اجعل أسئلتك على أنماط مختلفة وليس على نمط واحد.

13-الاختبار الجيد يحوي فقرات اكثر عدداً ويتطلب إجابات قصيرة.

14-كن معقولاً في إعطاء الدرجة أو وسطاً بين الإسراف والتقتير.

2- الاختبارات الموضوعية (Objective Test):

جاءت هذه التسمية لهذا النوع من الاختبارات لان تقييمها يتم بالموضوعية أي أن درجات التصحيح لا تتأثر بذاتية المصحح وظروفه ولا باسم الممتحن ولا خطه ولا طريقة أجابته. إن ما يطلب من الممتحن هو الاختيار من أجوبة أعدت له سلفاً ومن مزايا هذه الاختبارات :

1- تتصف بالشمول بحيث يمكن تغطية كثير من المادة الدراسية في الامتحان مقارنة ذلك بأسئلة المقال.

2-تصحيحها موضوعي يتفق عليه كل من يصحح الاختبار ولا مجال لتأويل الأجوبة.

3-يسهل الإجابة عليه من قبل الطالب.

4-يسهل على المدرس أو من يعاونه تصحيحها.

5-أكثر وضوحاً للطالب من الأسئلة الإنشائية.

أما نواحي الضعف في هذه الاختبارات فأهمها ما يأتي :

1- غالباً ما تكون الإجابة عليها مقتصرة على التذكر أي إنها لا تتطلب عمليات عليا في التفكير.

2- تخضع للحدس والتخمين من قبل الطالب.

3- تشجع على الغش في الامتحان بذلك تصبح عملية مراقبة الطلبة في الامتحان عملية صعبة.
4- إعدادها بشكل جيد ليس عملاً سهلاً بالنسبة للمدرس إذ يتطلب الوقت والجهد الكبيرين.
5- لا تكشف عن نقاط الضعف والقوة لدى الطلبة في طريقة إجابتهم وتنظيم أفكارهم.
6 يكون عدد الأسئلة كثيراً في هذا النوع من الاختبار بحيث يصعب املاؤها على الطلبة ويتطلب طبعها وإعدادها مسبقاً.

مقترحات لتحسين استخدام الأسئلة الموضوعية :
1-حاول أن لا تقتصر أسئلتك على قياس الحفظ والتذكر وانما تحفيز الطلبة على ممارسات أعلى في التفكير.
2-اجعل فقرات الاختبار قصيرة وواضحة المعنى.
3-لكي تمنح الطلبة من الحدس والتخمين انقص من درجة الأجوبة الخاطئة، أي أعطها درجة سالبة.
4- تجنب نقل عبارات الاختبار حرفياً من الكتاب بل عدّل في صياغتها.
5-وزع فقرات الاختبار الصحيحة بشكل عشوائي على ورقة الاختبار بحيث لا تخضع إلى نمط معين في التوزيع.
6-أعط مثالاً أنموذجياً للطالب يوضح كيفية الإجابة عليه.
7-كي يمكنك استخدام ورقة الأسئلة أكثر من مرة يفضل أن تكون إجابة الطالب على ورقة مستقلة.

أنواع الاختبارات الموضوعية :

إن من أهم الاختبارات الموضوعية ما يأتي :

1-الخطأ والصواب (True-False-type) : يطلب فيها من الطالب وضع علامة صح أو خطأ أمام الفقرة وأحياناً يطلب منه تصحيح الخطأ.

ومن مزايا أسئلة الصواب والخطأ اتصافها بالشمول حيث يمكن تمثيل كمية كبيرة من المنهج أو المادة المراد اختبار لها.

<u>أمثلة</u> : أشّر بعلامة (√) أو (X) أمام كل عبارة مما يأتي :

1-إن قطري متوازي الأضلاع متناصفان.

2-أي عدد صحيح سالب - (أي عدد صحيح سالب) = عدد صحيح سالب.

3-مساحة المنطقة المثلثة = $\frac{1}{2}$ ق ع حيث ق طول القاعدة، ع طول الارتفاع.

4-إذا قطع مستقيمان متوازيان فأن كل زاويتين متناظرتين متساويتان بالقياس.

مساوئ اختبارات الصواب والخطأ :

1- إنها أكثر الأسئلة تأثراً بالتخمين وإن احتمالية صحة التخمين هي 50% .

2- من الصعب تصميم أسئلة من نوع الصواب والخطأ تكون صالحة فعلاً لقياس الفهم والتطبيق.

لذا يلاحظ إن معظم أسئلة الصواب والخطأ تتعلق بالحقائق البسيطة والمعلومات السطحية.

3- غالبا ما ينبذها الطلبة النابغون في الصف إذ إنها لا تميزهم كثيراً عن بقية الطلبة.

4- فيها إغراء للطلبة لممارسة الغش.

قواعد تصميم أسئلة الصواب والخطأ :

1-يجب أن تكون العبارة إما صائبة تماماً أو خاطئة بحيث لا تحتمل أي جـدل حـول صـوابها أو خطئها.

2-يجب تجنب العبارات التي تحتوي عـلى أكـثر مـن فكـرة واحـدة وخاصـة إذا كانـت إحـداها صائبة والأخرى خاطئة.

3-يجب أن لا تكون العبارات الصائبة أطول بشـكل مسـتمر مـن مجموعـة العبـارات الخاطئـة، ففي هذه الحالة يمكن للطالب استنتاج الجواب من طول العبارة.

4-يجب عدم اقتباس عبارات بشكل حرفي من الكتاب المقرر.

5-اجعل الاختبار كثير الفقرات حتى يزداد ثباته.

6-اجمع الفقرات في مجاميع كل مجموعة من (10-20) فقرة حتى تقلل من الملل والتوتر لـدى الممتحن.

7-امنع الطلبة من الحدس والتخمين إزاء الفقرات التي يكون فيها الطالب غير متأكد من صحة جوابها.

8-لا داعي لتضمين الفقرة عبارات تشمل نفي النفي.

2-فقرات الإكمال (Completion type)

يتطلب هذا النوع من الأسئلة كتابة عبارة قصيرة أو كلمة أو رمـز أو عـدد كإجابـة عـلى السؤال. أي تعرض على الطالب فقرات الاختبار تحتوي فقرات ينبغي إكمالها أو ملئها بكلمـات أو جمل قصيرة ليتم معناها .

مثال : املأ الفراغات الآتية بعبارات مناسبة :

أ-قانون حجم الاسطوانة هو ....

ب-لو$_{5}$ 625=................

ج- س^{3} × س$^{-2}$ =................

د- $\frac{د}{د س}$ ($\sqrt[3]{س}$) =................

هـ- $\int$(حا5س + طا س) د س=..........

ملاحظة : ينبغي مراعاة الآتي عند وضع هذا النوع من الأسئلة :

1-تجنب الإكمال غير المختصر بمعنى ألا يترك الإكمال مفتوحاً.

2-تكون الألفاظ أو العبارات المحذوفة ذات مدلول في المادة التعليمية وليست من العبارات الإنشائية.

3-يفضل عدم تعدد الفراغات في العبارة الواحدة حتى لا تفقد العبارة بناؤها المتكامل.

4-ينبغي تجنب اقتباس عبارات من الكتاب المدرسي مباشرة ،فان ذلك يؤدي إلى الاستظهار الآلي من جانب الطالب.

5-ينبغي تجنب تضمين السؤال أية إشارة أو دليل على نوع الاستجابة المطلوبة.

3-فقرات الاختيار من متعدد (Multiple-Choice) :

وهي من أهم الأسئلة في الاختبارات الموضوعية .ويتكون السؤال في هذه الحالة من جزأين أولهما يعرف بالأساس وهو الخاص بصياغة القضية (المشكلة) التي سيسأل عنها الطالب ،والثاني يشمل عدداً من الاختبارات (تسمى البدائل) يختار من بينها الطالب الإجابة الصحيحة ، وتطرح المشكلة أو القضية في صيغة استفهامية وأما على شكل عبارة ناقصة في نهايتها عادة .

مثال1: الرمز (2) في العبارة الجبرية 3 أ 2 هو :

أ- معامل ☐   ب-مطروح ☐   ج-ثنائي الحد ☐

د-أحادي الحد ☐   هـ-اس ☐

مثال2: ما هو ثمن لعبة إذا علمت إن 20% من ثمنها يساوي (50) ديناراً ؟

أ-300 دينار ☐   ب-250 دينار ☐

ج-400 دينار ☐   د-200 دينار ☐

وينبغي عند وضع هذا النوع من الأسئلة مراعاة ما يأتي :

1- يعبر الجزء الأول من السؤال عن المشكلة تعبيراً دقيقاً واضحاً ولا يتضمن معلومات إضافية لا لزوم لها.

2- أن تكون الإجابات مختصرة قدر الإمكان.

3- أن تكون جميع الإجابات خاصة وتوجد إجابة واحدة صحيحة.

4- حاول أن تكون البدائل بنفس الطول تقريباً حتى لا يكون الطول من المنبهات للإجابة.

5- يفضل أن تكون الاختبارات 3 أو 5 على الأكثر حتى تقل درجة التخمين ولسهولة التصحيح.

6- أن تكون الاختبارات متقاربة إلى حد كبير.

7- يوضع البديل الصحيح في موقع عشوائي.

مزايا اختبارات الاختيار من متعدد :

1-تعتبر اختبارات صادقة (الاختبار الصادق هو الذي يقيس الشيء الذي من أجله صمم الاختبار).

2-تعتبر اختبارات ثابتة (الاختبار الثابت هو الذي يعطي نفس النتائج تقريباً في نفس الظروف).

3-تعتبر أكثر وضوحاً في المعنى من الاختبارات الأخرى وخاصة اختبار المقال أو التكملة.

4-تصحيحها موضوعي لا يتأثر بدرجة الخط أو حسن التعبير أو غير ذلك من العوامل التي تؤثر في تصحيح بعض الأنواع من الاختبارات.

5-يرتبط هذا النوع من الاختبارات ارتباطاً وثيقاً بإحدى أهم الأهداف العامة للتربية وهو تنمية القدرة على حل المشكلات.

ملاحظة: إن هذه الاختبارات تتطلب وقتاً أكثر في قراءتها والإجابة عليها مما يحد من عدد الأسئلة الممكنة في الاختبار الواحد، وهي اكثر صعوبة و كلفة في طباعته من الأنواع الأخرى.

4-فقرات المزاوجة أو المطابقة (Matching Test) :

وفيها يتم عرض قائمتين من الألفاظ أو العبارات. بحيث يكون لكل لفظ أو عبارة في القائمة الأولى ما يكملها في القائمة الثانية بحيث لا يوجد تناظر في ترتيب العناصر في كل من القائمتين.

48

مثال : صل بخط بين المناطق للأشكال في القائمة (أ) مع قوانين مساحاتها في القائمة (ب).

القائمة (أ)	القائمة (ب)
1-الدائرة	أ- $\frac{1}{2}$ (ق1 +ق2) × ع
2-متوازي الأضلاع	ب-نق2 π
3-متوازي السطوح المستطيلة	ج-طول القاعدة × الارتفاع
4-شبه المنحرف	د-المساحة الجانبية +مساحتي القاعدتين
	هـ- $\frac{1}{2}$ حاصل ضرب طولي القطرين

وينبغي عند وضع هذا النوع من الاختبار مراعاة ما يأتي :

1-تأكد من إن جميع المقدمات والاستجابات متجانسة. أي إنها أسماء تشير إلى أشياء من صنف واحد .. فإذا أردنا أن تكون بعض الاستجابات قوانين، فان الاستجابات الباقية يجب أن تكون قوانين أيضاً.

2-اجعل الاختبار قصيراً نسبياً. فقصر الاختبار يساعد على الحصول على مقدمات واستجابات متجانسة.

3-يفضل أن يكون العدد في القائمة الثانية أكثر منه في القائمة الأولى.

ثالثاً: الاختبارات العملية والادائية

يعرف اختبار الأداء (بأنه اختبار يتطلب عادة استجابة يدوية أو استجابة حركية عموماً يقوم بها الفرد). والاختبارات غالباً ما تكون فردية، إذ يصعب توفير مجموعة من الأجهزة والمواد تكفي لإجراء الاختبار الجمعي. كما يصعب ضبط المواقف، ويكلف الكثير ويحصل الغش بالمحاكاة.

أنواع الاختبارات العملية :

1-**اختبارات الورقة والقلم** : في عدد من الحالات قد يساعد اختبار الورقة والقلم العملي على قياس نواتج للتعلم لها أهميتها التربوية ومثال ذلك إذا طلب المعلم من تلاميذه أو المدرس من طلبته تصميم خريطة للطقس، أو وضع خطة لبحث معين، أو كتابة قصة قصيرة، أو عمل تخطيط لجهاز إلكتروني، ففي هذه الحالات يقيس اختبار القلم والورقة. نواتج مرتبطة بالمعرفة والمهارة.

2-**اختبار التعرف** : تهدف هذه الاختبارات إلى قياس قدرة المتعلم على التعرف على الخصائص الأساسية لأداء معين أو نتيجة أداء معين أو التعرف على بعض الأشياء مثل العينات الجيولوجية أو البايولوجية أو عزف قطعة موسيقية على إحدى الآلات ويطلب من المتعلم بيان الأخطاء أو النغمات في عزف القطعة. أو التعرف على أجزاء من الأجهزة ووظائفها، أو الحكم على جودة بعض عينات لمواد معينة.

3-**اختبار المحاكاة (تقليد النماذج المصغرة):** تصمم الاختبارات العملية أحياناً لمحاكاة موقف من المواقف الحقيقية، ولكن تحت ظروف مزيفة أو غير حقيقية مثال ذلك في التربية الرياضية القيام بحركات السباحة خارج الماء، وفي الاجتماعات تمثيل محاكمة وقيام المتعلم بدور المحامي أو القاضي، وهناك أجهزة صممت لأغراض تعليمية وتقويمية مثل التدريب على قيادة السيارات أو الطائرات.

4-**اختبارات عينات العمل** : تكون هذه الاختبارات من موقف يمثل موقفاً حقيقياً لمجال العمل ويطلب من المتعلم أداء المهمات الفعلية لهذا العمل. والاختبارات المستخدمة في التعليم الفني والتجاري هي عادة من هذا النوع حيث يطلب من المتعلمين كتابة مذكرات بطريقة الاختزال عند إملائها عليهم، أو طباعة خطاب على الآلة الكتابة وفي التعليم الفني قد يطلب من المتعلمين عمل مشروع يتطلب قطعة أثاث مثلاً.

وهناك نوعان رئيسان من اختبارات العمل :

1- تلك التي يمكن فيها التحديد بوضوح وبشكل قاطع بين صحة و خطأ أداء المهارة، وهذه تقدر درجاتها بشكل آلي، مثل التصويب، الكتابة على الحاسوب، الأداء الرياضي.

2- تلك التي تعتمد على مهارة الملاحظين في الحكم على الأداء وتقدير درجاته، مثال ذلك العزف على آلة موسيقية أو رسم لوحة فنية أو قيادة سيارة.

وظائف الاختبارات العملية :

إن للاختبارات العملية أهدافاً ووظائف عامة و متعددة يمكن تلخيصها فيما يأتي:

1- قياس مدى فهم الدراسة النظرية وفعاليتها كما هو الحال في الامتحانات العملية المرتبطة بالعلوم الطبيعية، كيمياء، فيزياء، وعلوم حياة.

2- تعتبر الاختبارات العملية من أهم وسائل تقويم نجاح برامج التدريب المهني، وتعلم الكتابة على الحاسوب، وأعمال السكرتارية. والعزف على الآلات الموسيقية ....الخ.

3- تستخدم الاختبارات العملية في تشخيص التأخر في بعض المهارات العملية، وتسمى في هذه الحالة الاختبارات التشخيصية العملية.

4- تستخدم الاختبارات العملية في التنبؤ بمدى نجاح الفرد مستقبلاً في مهنة معينة من النوع العلمي والفني.

5- تعتبر من أهم الوسائل التعليمية للمجندين لتعطيهم تكنولوجيا الآلات الحربية والإلكترونية المعقدة.

الاختبارات التشخيصية :

لقد أشرنا في الفصل الأول إلى انه بواسطة التقويم يمكن الوقوف على الصعوبات التي
يلاقيها المتعلم وهذا يمثل إحدى الوظائف الأساسية للتقويم. وستناول هنا الاختبارات
التشخيصية في الرياضيات كنموذج لهذا النوع من الاختبارات.

بما أن الرياضيات من الموضوعات ذات الطبيعة المنطقية ويستلزم التتابع المنطقي في
عرض مادته، فانه في حالة وجود أية صعوبة لدى الطلبة في أية مرحلة قد تؤدي إلى بروز
صعوبات أمامه في المرحلة التالية. إن مهمة مدرس الرياضيات هي أن يشخص صعوبات المتعلم
و بالاستناد على أسباب هذه الصعوبات يمكن اتخاذ الإجراءات العلاجية وهذا تطبيق لمبدأ
مراعاة الفروق الفردية. كما إن الإجراءات العلاجية هنا تعرف بالتعليم التشخيصي أو العلاجي.
التشخيص يتم في مرحلتين، فقبل تقديم وحدة دراسية في الرياضيات يتأكد المدرس ما إذا كانت
توجد صعوبات لدى الطلبة في المعرفة السابقة وهذا ضروري في الرياضيات لأنه في حالة عدم
استيعاب المعرفة السابقة لا يمكن تزويد الطالب بأفكار جديدة. لنفرض على سبيل المثال انه
يتم تدريس موضوع النسبة المئوية ففي هذه الحالة فان الطالب الذي لديه صعوبات في
الكسور يتعذر عليه استيعاب مفهوم النسبة المئوية. وهكذا فانه يستلزم إعطاء اختبار
تشخيصي قبلي (Pre –diagnostic –test) وبعد تدريس وحدة معينة فان المدرس سيقدم الاختبار
التشخيصي البعدي (Post –diagnostic –test) الذي يغطي الوحدة التي يتم تدريسها.

إن الاختبار التشخيصي يختلف عن الاختبار التحصيلي حيث إن الأخير يحاول تحديد
مستوى الإنجاز، في حين إن الاختبار التشخيصي يحاول أن يحدد ما لم يتعلمه المتعلم وسبب
ذلك.

وبسبب الاختلاف في الهدف فان طبيعة اختبار التشخيص ستختلف كذلك ويكون أكثر وضوحاً ويغطي جميع الجوانب ويتكون من عدد كبير من الأسئلة من مستويات مختلفة بحيث يتم تغطية كل نقطة تعليمية بأكثر من سؤال واحد ليتم التأكد من الطالب قد فهمها بشكل شامل. كما ولا يوجد هناك وقت محدد وذلك بسبب كون الضعف وليست القابلية على الإنجاز هو الذي يقيّم.

هذا وفي بناء الاختبار التشخيصي ينبغي على المدرس أن يحلل المحتوى إلى نقاط تعليمية مختلفة ويصمم أسئلة متدرجة في الصعوبة ويرتبها ويقسم الاختبار إلى مجموعات إذا كان ذلك ممكناً.

وفيما يأتي اختبار أنموذجي في مجال التشخيص في الرياضيات.

اختبار تشخيصي

الصف :الأول المتوسط الموضوع :الرياضيات

الوحدة :النسبة المئوية (المفاهيم الأساسية فقط)

تعليمات :

1- لا يتعلق الاختبار بنجاحك أو رسوبك وانما يهدف إلى اكتشاف الصعوبات التي تواجهها في مفهوم النسبة المئوية ومساعدتك على تعلمها.

2-لا يوجد وقت محدد للاختبار ولكن حاول أن تنجزه بالسرعة الممكنة.

3-اكتب الإجابة لكل سؤال المكان المخصص أمامه.

4-اجب الأسئلة حسب الترتيب المعطى..لا تخسر وقتاً اكثر على سؤال تجده صعباً عليك.

الاسم :...... الصف :....... المدرسة :.......

1) اكتب ما يأتي بالنسبة المئوية :

-1 $\frac{5}{100}$ =....... -2 $\frac{40}{100}$ =..... -3 $\frac{87}{100}$ =.......

-4 $\frac{100}{100}$ =....... -5 $\frac{120}{100}$ =..... -6 $\frac{400}{100}$ =.......

-7 $\frac{535}{100}$ =....... -8 $\frac{س}{100}$ =......

2) اكتب النسبة المئوية الآتية بكسور:

-1 30% -2 53% -3 94% -4 100%

-5 125% -6 215% -7 375% -8 س%

3) اكتب بنسبة مئوية :

-1 $\frac{1}{2}$ =....... -2 $\frac{1}{10}$ =...... -3 $\frac{1}{4}$ =.......

-4 $\frac{1}{20}$ = ... -5 $\frac{1}{25}$ =...... -6 $\frac{1}{5}$ =.......

-7 $\frac{3}{4}$ =...... -8 $\frac{3}{10}$ =....... -9 $\frac{7}{20}$ =.......

-10 $\frac{1}{50}$ =....... -11 $\frac{2}{5}$ =....... -12 $\frac{3}{50}$ =......

-13 $\frac{500}{200}$ =...... -14 $\frac{81}{300}$ =..... -15 $\frac{75}{500}$ =.....

4) جد قيمة ما يأتي :

1-10% من ال 50 2 -20% من ال 50 3-25% من ال 40

4-40% من ال 80　　5-12,5% من ال 80　　6-75% من ال 300

7- 57% من ال 300　　8-100% من ال 125　　9-150% من ال 170

10- س% من ال س

5) اكتب بالنسبة المئوية :

1- $\frac{7}{8}$ =.........　　2- $\frac{2}{15}$ =.......　　3- $\frac{7}{18}$ =.......

4- $10\frac{1}{2}$ =.......　　5- $2\frac{2}{3}$ =.......

6) جد القيمة بعد إجراء التغيير في كل حالة مما يأتي :

1-250 عندما يزداد بنسبة 10%　　2-200 عندما تزداد بنسبة 25%

3-75 عندما تزداد بنسبة 100%　　4-60 عندما تزداد بنسبة 150%

5-س عندما يزداد بنسبة 10%　　6-80 عندما تنقص بنسبة 10%

7-150 عندما تزداد بنسبة 50%

7) جد في كل زوج مما يأتي النسبة المئوية للزيادة أو النقص في العدد الثاني إلى العدد الأول.

1-4.8　　2-50.200　　3-44.220

4-135،135　　5-180.90

8) أ-إذا كان 5% لعدد معين هو 25 فكم يكون ال 75% منه ؟

ب-إذا كان 20% لعدد معين هو 30 فكم يكون ال 60% منه ؟

ج-إذا كان 40% لعدد معين هو 120 فكم يكون ال 75% منه ؟

د-إذا كان 50% لعدد معين هو 100 فكم يكون ال 150% منه ؟

ه-إذا كان 120% لعدد معين هو 240 فكم يكون ال 40% منه ؟

و-إذا كان 25% لعدد معين هو 40 فكم يكون ال 40% منه ؟

هذا وتصحح ورقة إجابة الطالب بعد الاختبار وتكتب طبيعة الصعوبة التي يلاقيها في كل مجال .. وأخيراً فان الصعوبات يمكن أن تصنف بعمودين : صعوبات شائعة لدى الطلبة ((كما أظهرت الصعوبات بالنسبة لأكثر طلبة الصف)) وصعوبات كانت موجودة لدى طلبة أفراد .. هذا وتحلل هذه الصعوبات بعدئذٍ لتحديد أسبابها ويجب أن يتم هذا بكل عناية حيث أن الصعوبة ترجع أحياناً إلى أسباب آنية يمكن معالجتها بخبرات إضافية لمساعدتهم على فهمها وأحياناً تعود إلى أسباب نفسية .. وبعد تحديد هذه الأسباب يمكن تقديم خبرات تعليمية مناسبة كما ويجب أن يقدم اختبار آخر للتأكد ما إذا تمت السيطرة على الصعوبات.

أنشطة

1-وردت خلال هذا الفصل مقترحات لتحسين استخدام أسئلة المقال. هل لديك اعتراض أو تعقيب عليها. بين ذلك. هل عندك مقترحات أخرى ؟ وما هي.

2-هل لديك ما تضيفه على النقاط المذكورة في هذا الفصل فيما يتعلق بنواحي الضعف والقوة في الاختبارات الموضوعية ؟

3-اقترح بعض النقاط التي تعتمد أن من شأنها تحسين استخدام الأسئلة الموضوعية.

4-أعط مثالاً واحداً لكل من أنواع الاختبارات الموضوعية المارة الذكر.

5-بين نقاط الضعف والقوة في استخدام كل من الاختبارات الموضوعية المذكورة في هذا الفصل.

6-قم بإعداد أنموذج اختبار مقال وأنموذج اختبار موضوعي في مجال الرياضيات في المرحلة التي تقوم بتدريسها مطبقاً في تصميمها قواعد إعداد الاختبارات المارة الذكر.

عينة اختبار ذاتي

1- ما الفرق بين اختبارات المقال والاختبارات الشفوية ؟

2- عدد أنواع الاختبارات الموضوعية وبين مزايا وعيوب كل نوع.

3- للاختبارات الشفوية عيوباً عددها واقترح طرقاً لتحسينها.

4- لماذا سميت اختبارات المقال بهذا الاسم ؟ لهذا النوع من الاختبارات بعض نواحي القصور أو الضعف اذكر أهمها.

5- ما المقصود باختبار الأداء ؟ وما هي أنواع الاختبارات الأدائية ؟عددها واذكر مثالاً لكـل مـن هذه الأنواع .

6- ما الفرق بين الاختبار التشخيصي والاختبار التحصيلي ؟ قم بأعداد اختبار تشخيصي في موضوع رياضي قمت بتدريسه.

الفصل الثالث
بناء الاختبارات التحصيلية

الفصل الثالث: بناء الاختبارات التحصيلية

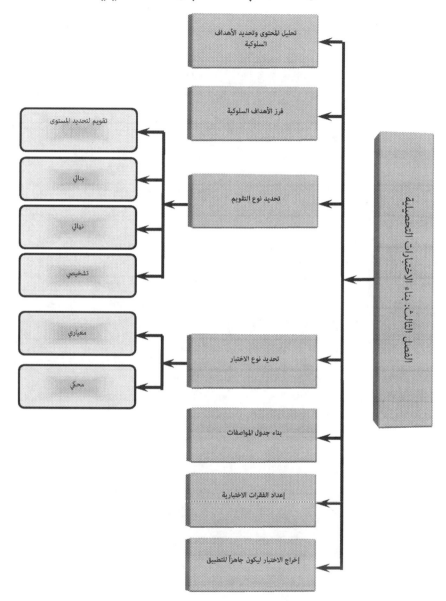

أهداف الفصل

يتوقع من القارئ في نهاية هذا الفصل أن :

1- يبين الخطوات العامة في اعداد الاختبار التحصيلي.

2- يقيم صياغة الفقرات حسب الإرشادات الخاصة بها.

3- يحدد معايير اختيار نوع معين من الفقرات دون آخر.

4- يبين جدول مواصفات.

5- يبين أهمية جدول المواصفات.

6- يذكر مكونات تعليمات الاختبار.

7- يذكر فوائد إجراء التجربة الاستطلاعية.

تمهيد:

بيّنا في الفصل الأول أن الاختبار أداة قياس يتم إعدادها وفق طريقة منظمة مهما كان نوع الاختبار أو الغرض منه، وتتلخص هذه الخطوات فيما يأتي:

1- تحليل المحتوى وتحديد الأهداف السلوكية في ضوء أهداف المنهج والمحتوى العلمي للمادة.

2- فرز الأهداف السلوكية التي تتناولها عملية التقويم ويناسبها الاختبار، حيث يحتمل وجود بعض الأهداف التي لا يناسبها الاختبار كأداة تقويم ويفضل معها استخدام أدوات تقويم أخرى مثل مقاييس التقدير أو قوائم الشطب، من بين هذه الأهداف ما يرتبط بالميول والاتجاهات والقيم.

3- تحديد نوع التقويم المنشود، هل هو:
تقويم لتحديد المستوى؟

أم تكويني (أو بنائي) ؟

أم ختامي (أو نهائي) ؟

أم تشخيصي ؟

4- تحديد نوع الاختبار، هل هو:

معياري المرجع ؟

أم محكي المرجع ؟

فكما مر في الفصل الأول أن الاختبارات معيارية المرجع يمكن أن تخدم غرض التقويم الختامي اكثر من الاختبارات محكية المرجع، بينما الاختبارات محكية المرجع يمكن أن تخدم أغراض التقويم البنائي (التكويني) وربما التشخيصي اكثر من الاختبارات معيارية المرجع.

5- بناء جدول المواصفات.

6- إعداد الفقرات الأختبارية.

7- إخراج الاختبار ليكون جاهزاً للتطبيق.

تحليل المحتوى وتحديد الأهداف السلوكية:

أن أول خطوة في إعداد الاختبار التحصيلي هي معرفة الأهداف التعليمية للمادة الدراسية المراد وضع أسئلة اختبار لها من خلال وصف دقيق للسلوك الذي يتوقع من الطالب أن يكون قادراً على أن يقوم به بعد الانتهاء من عملية التعليم   (أي معرفة الأهداف السلوكية) ثم تصنيفها.

بناء جدول المواصفات

من المعلوم أن كل فقرة اختبارية لابد وان تقيس هـدفاً معيناً إلا أن الهـدف الواحـد يمكن أن يقاس بأكثر من فقرة اختبارية حيث يعتمد ذلك على مستوى الهدف. وهـذا يعنـي أن المدرس حين يفكر في بناء اختبار تحصيلي سيجد نفسه أمام كومة من الفقرات الاختبارية. فهـل يدخلها جميعاً في الاختبار ؟ ويلزم لذلك ساعات طوال لتطبيقـه وهـو أمـر غـير مقبـول. والحـل يكون في اختيار عينة من مجموعـة الفقرات تمثـل المجتمـع الكلي للفقرات التي تغطي كـل الأهداف وتمثلها تمثيلاً حسناً. والسؤال الذي يطرح نفسه الآن :

كيف يختار المدرس هذه العينة من الفقرات ؟

فيما يلي مجموعة من الخطوات التي ينبغي اتباعها من جانب المدرس والتي تقود إلى بناء ما يسمى بجدول المواصفات :

1- تقسيم المادة الدراسية التـي يغطيهـا الاختبـار الى موضوعات أو عنـاوين رئيسية يمكن أن تقسم هي أيضا عند الحاجة الى موضوعات فرعية على أن يراعى هـذا التقسـيم المشار إليه تقسيماً منطقياً.

2- تحديد وزن كل موضوع بالنسبة للموضوعات الأخرى مـع الأخـذ في الاعتبـار كـل المعـايير اللازمة مثل : الزمن الذي يستغرق في تـدريس الموضوع، مـدى مساهمة الموضوع في تعلم لاحق، مدى أهمية الموضوع وارتباطه بالموضوعات التالية، ... الخ.

3- تحديد مجالات الأهداف التي يغطيها الاختبار: معلومات، مهارات، أساليب تفكير،....

4- تحديد وزن كل مجال من هذه المجالات بالنسبة لكل موضوع ، فإذا ما حدد المجالات: معلومات، مهارات، أساليب تفكير، توجب تحديد نسبة مئوية لكل مجال تتفق مع وزن هذا المجال في الموضوع، فقد تغلب الموضوعات في أحد الموضوعات، في حين تغلب المهارات في آخر، ... وهكذا

5- تحديد الوزن المحصل وذلك بضرب الوزن الخاص بكل موضوع في الوزن الخاص في المجال، ثم حساب عدد الفقرات التي تخص كل مجال في كل موضوع (ويتم ذلك في ضوء عدد الفقرات الكلي المقترح للاختبار) ثم تفريغ هذه البيانات في جدول (يسمى جدول المواصفات).

مثال: بفرض إن :

- عدد الموضوعات التي سيغطيها الاختبار = 4

- سيغطي الاختبار مجالات الأهداف الآتية:

المعلومات، المهارات، أساليب التفكير، وأوزان هذه المجالات هي: 20%، 30%، 50%.

- عدد الفقرات المقترحة هو 80 فقرة.

جدول المواصفات المناظر لهذه المعلومات كما يأتي :

المجموع	المجالات وأوزانها			المحتوى		
	أساليب تفكير 50%	مهارات 30%	معلومات 20%	نسبة المحتوى	الزمن	المواضيع
16	8	5	3 ≅ 3,2	20%	8	س
8	4	2	2 ≅ 1,6	10%	4	ص
32	16	10	6	30%	12	ع
24	12	7	5	40%	16	ل
80	40	24	16	100%	40	المجموع

ملاحظات:
الأعداد لأقرب عدد صحيح داخل الخلايا.

2- نسبة الموضوع = الزمن المستغرق في التدريس ×100
مجموع الأوقات المصروفة في التدريس

= عدد الحصص المحددة للوحدة الدراسية ×100
مجموع الحصص المقررة

3- لا يوجد هناك قانون محدد يمكن على أساسه تحديد الأهتمام على مستوى الهدف.

4- تحديد عدد الأسئلة (عدد الفقرات) للمادة ككل : يفترض أن يضعها المدرس للطلاب حتى يتمكن من تحديد نصيب كل وحدة من عدد الأسئلة الكلي ويكون عدد الأسئلة لكل وحدة = وزن الموضوع × وزن المجال × عدد الأسئلة الكلي.

<u>نشاط</u>: أكمل الجدول الآتي:

المجموع	الأهداف وأوزانها				المحتوى		
	تحليل %20	تطبيق %25	فهم %30	معرفة %25	نسبة المحتوى	الزمن المستغرق	الموضوع
						5	المجموعات
						10	العلاقات
						5	الدوال
						8	التطابق
						7	الإحصاء
51							المجموع

فوائد جدول المواصفات :

1- يؤمن صدق الاختبار لأنه يجبر المدرس على توزيع أسئلته على مختلف أجزاء المادة.
2- يمنع المدرس من وضع اختبارات إرتجالية.
3- يشعر الطالب بأنه لم يضيّع وقته سدى في الاستعداد للامتحان لأن الاختبار قد غطى جميع أجزاء المادة.
4- يعطي كل جزء من المادة وزنه الحقيقي وذلك بالنسبة للزمن الذي انفق في تدريسه وكذلك حسب أهميته.
5- يمكن ترتيب الأسئلة حسب الأهداف وذلك بوضع جميع الأسئلة التي تقيس هدف ما معاً مما يمكن من جعل الاختبار أداة تشخيصية فضلاً عن كونه أداة تحصيلية.

إعداد الفقرات الإختبارية (كتابة الأسئلة)

عند كتابة المدرس للأسئلة يستحسن به أن يراعي الإمور الآتية :

1- أن تكون لغة كتابة الأسئلة واضحة ومحددة.

2- أن يقوم المدرس بكتابة عدد الأسئلة اكثر مما هو مطلوب حتى إذا ما أعاد قراءة الأسئلة مرة ثانية استطاع أن يحذف منها ما هو غير ضروري أو غير ملائم.

3- ألا تقيس الأسئلة مستويات هامشية لا قيمة لها. أو تتركز على مستويات أدنى من الأهداف أو مستويات أعلى من الأهداف.

4- أن لا تكون لغة الأسئلة منقولة حرفياً من الكتاب المدرسي كي لا ينمو عند الطلاب اتجاهات نحو حفظ الإجابة غيباً دون فهم.

5- ألا يوجد في السؤال الواحد ما يوحي بالإجابة عنه.

6- أن يكون نص السؤال قصيراً ما أمكن شريطة ألا يكون على حساب المعنى.

7- أن لا تكون الإجابة على سؤال ما تكشف عن إجابة سؤال آخر غيره.

8- أن تكون الأسئلة متعلقة بالأهداف التي يرمي المدرس أن يقيسها.

ترتيب الاختبار لكي يكون جاهزاً للتطبيق:

هناك عدة طرق لترتيب أسئلة الاختبار منها :

أ- ترتيب حسب الصعوبة من الأسهل إلى الأصعب، ويمكن استخدام مؤشرات السهولة (أو الصعوبة) في ذلك (التي ستناولها لاحقاً).

ب- ترتيب حسب شكل الفقرة (أو السؤال) :عند إحتواء الاختبار على اكثر من شكل من أشكال الفقرات.

ج- ترتيب حسب المحتوى.

إعداد تعليمات الاختبار:

أما عن التعليمات فينبغي أن تتضمن :

أ- الغرض من الاختبار.

ب- طريقة الإجابة بمثال.

ج- الزمن المخصص للإجابة عن الاختبار.

د- الأدوات المسموح باستخدامها والأدوات غير المسموح باستخدامها.

هـ - التوجيه بعدم التخمين. عدم اللجوء إلى التخمين ضروري بالنسبة للاختبارات المحكية المرجع وفي حالة التقويم التكويني.

و- تنبيه الطالب على تدوين الإجابة في المكان المخصص.

ز- تدوين اسم الطالب و صفه وشعبته ورقمه في المكان المخصص.

ح- أن تبين التعليمات كيفية تقدير الدرجات.

ط- أن تبين كيفية الإجابة هل على ورقة الأسئلة مباشرة أم هناك ورقة إجابة منفصلة؟

ي- تحديد الفترة المسموح بها للاستفسارات من قبل الطلبة.

ك- تنبيه الطلبة إلى التأكد من عدد أوراق الامتحان تحسباً من وجود نقص.

ل- إمكانية فصل ورقة الإجابة عن ورقة الأسئلة مع أنها مثبتة احياناً مع جميع الأوراق.

م- قد يسأل الطلبة عن إمكانية الكتابة على ورقة الأسئلة.

إخراج كراسة الاختبار:

يتكون الاختبار عادة من مجموعة من الأوراق يمكن تسميتها بكراسة الاختبار، وقد يستخدم المدرس أحياناً بعض الوسائل والأوراق المعينة ولكن الشائع في مكونات كراسة الاختبار ما يأتي :

أ- ورقة التعليمات : تظهر عادة في البداية، وتحتوي هذه الورقة على التعليمات المذكورة سابقاً. كما يمكن أن تظهر تعليمات أخرى كأن يطلب من الطلبة أن لا يبدءوا إلا عندما يطلب منهم ذلك.

ب- ورقة الأسئلة أو مجموعة أوراق الفقرات وهنا يفضل ما يأتي :

1- ترقيم الأوراق.

2- ترقيم الفقرات.

3- أن تكون الفقرات مميزة عن بعضها بمعنى أن لا تكون الورقة مكتظة.

4- ظهور الفقرة الواحدة كاملة على نفس الصفحة.

5- ظهور كل بديل (في أسئلة الاختيار من متعدد) في سطر واحد مستقل.

6- تصحيح الأخطاء المطبعية قبل سحب الأوراق على آلة السحب.

7- ينصح أن تكون الكتابة على وجه واحد من الورقة.

8- أن تكون الكتابة واضحة، وسهلة القراءة وخالية من الأخطاء المطبعية.

ج- ورقة الإجابة : إذا كان المطلوب هو المحافظة على ورقة التعليمات وورقة الأسئلة نظيفة فان وضع ورقة إجابة منفصلة يصبح ضرورياً.

وقد تظهر على هذه الورقة المعلومات الآتية :

1- اسم الطالب .... 2- الصف ....

3- العمر ....(في الاختبارات المقننة)

4- الشعبة ....(إن وجد اكثر من شعبة للصف الواحد)

5- الموضوع ....

6- مكان خاص لوضع الدرجة.

درجة الفرع الأول .... درجة الفرع الثاني ....

درجة الفرع الثالث .... الدرجة الكلية ....

7-الفصل الدراسي أو السنة الدراسية ....

8-اسم المدرسة أو الكلية أو القسم ....

9-أرقام الفقرات ورموز البدائل سواء أكانت الإجابة من بديلين أو أكثر كما في الأنموذج آلاتي :

فقرات الصواب والخطأ			فقرات الاختيار من متعدد				
1	ص	خ	5	أ	ب	ج	د
2	ص	خ	6	أ	ب	ج	د
3	ص	خ	7	أ	ب	ج	د
4	ص	خ	8	أ	ب	ج	د

وهنا يجب ملاحظة أن يكون تسلسل أرقام الفقرات في ورقة الإجابة متطابقاً مع الأرقام في ورقة الفقرات.

د-ورقة الملاحق : ويقصد بها هنا الورقة أو مجموعة الأوراق التي تحتوي على معلومات مساعدة للطالب أثناء الإجابة ،مثل بعض جداول اللوغاريتمات، النسب المثلثية، وبعض القوانين والمعادلات الرياضية التي لا يطلب من الطالب حفظها.

تطبيق الاختبار:

يحرص المدرس كل الحرص على تهيئة ظروف الامتحان بحيث يكون مطمئناً بدرجة ما إلى أن درجة الطالب على الامتحان تمثل بدرجة مقبولة تحصيله الحقيقي، وتزداد ثقة المدرس بالدرجة بزيادة ضبطه للظروف والعوامل المؤثرة في الدرجة، أي بزيادة قدرته على ضبط مصادر أخطاء القياس، أي لا تعزى إلى ظروف الاختبار ومدى تفاعل هذه الظروف مع الطلبة، فمن المعروف أن الطلبة يختلفون في مدى تأثره

الإيجابي أو السلبي بالظروف التي يتفاعلون معها، فليس كل الطلبة يتأثرون بنفس المقدار بارتفاع درجة الحرارة، أو التشويش خلال الامتحان، وغيرها من الظروف. ولتوفير الحد الأدنى من الراحة النفسية والجسمية للطالب أثناء تطبيق الامتحان، فانه ينصح المدرس بما يأتي :

1- اختيار الغرفة المجهزة جيداً.

2- اختيار الغرفة الهادئة البعيدة عن الممرات الرئيسية ومناطق تجمع الطلاب.

3- اختيار الوقت المناسب لإجراء الاختبار.

4- لا تشعر الطلاب بأهمية الاختبار أكثر مما يستحق.

5- حاول أن لا تتحدث عن قضايا ليست ذات علاقة بالاختبار قبل أن يبدأ أو أن تشغلهم بأمور جانبية.

6- حاول ما أمكن أن لا تقاطع الطلاب أثناء الإجابة إلا إذا كان من الضروري تنبيه الطلاب إلى خطأ في الطباعة أو عدم وضوح في التعليمات.

7- اشعر الطلاب بالفترة الزمنية المتبقية من الامتحان بعد أن يبدأ بفترة مناسبة ولا تكثر من ذلك.

8- حاول أن لا تعطي أي توضيح لطالب بمفرده عن فقرة معينة.

9- لا تسمح بالغش.

التجربة الاستطلاعية:

بعد إعداد الاختبار يطبق على مجموعة صغيرة من الأفراد المراد عمل اختبار لهم، وتسجل الملاحظات المختلفة عن الاختبار ومدى صلاحيته. وذلك تمهيداً لتعديل ما يحتاج منها إلى تعديل من حيث اختيار المفردات الصالحة للإختبار ،وتوضيح مفهوم الأسئلة وصياغتها واعادة ترتيبها وما يتطلبه التعديل من حذف أو إضافة، وقد تتكرر عملية التجريب، واعادة تعديله حتى يصل إلى درجة يمكن الأطمئنان عليها.

وعموماً يمكن تلخيص أهم الفوائد من إجراء التجربة الاستطلاعية :

أ-التعرف على رأي الطلبة في التعليمات المدونة على الصفحة الأولى من الاختبار من حيث الوضوح وقلة أو كثرة التفاصيل وملاءمة اللغة وكفايتها بحيث يؤدى الاختبار دون الحاجة إلى استفسارات أخرى.

ب- تسجيل أسئلة الطلبة وملاحظاتهم عن الاختبار نفسه من حيث الغموض في بعض الفقرات أو عدم وضوح الطباعة أو ازدواجية الفهم لأي جزء من أجزاء الاختبار.

ج- تسجيل الوقت الذي يستغرقه إعطاء التعليمات وتوضيح المطلوب تمهيداً لإيجاد نسبة متوسطة للوقت المخصص لقراءة وتوضيح التعليمات.

د-تسجيل الوقت المخصص لإجابة الطالب على الاختبار.

وفي ضوء هذه التجربة الاستطلاعية تراجع التعليمات والفقرات وتجرى التعديلات الملائمة لها وفقاً لنتائج التجربة الاستطلاعية ومن خلال ذلك يجرى تحليل إحصائي لفقرات الاختبار يتم بموجبه اختيار الفقرات الصالحة ويوضع بصيغته النهائية.

عينة التقويم الذاتي

س1: إذا كان وزن وحدة المفاهيم الأساسية في القياس في جدول مواصفات اختبار تحصيلي بمادة القياس والتقويم يساوي 40%. احسب عدد الفقرات التي تمثل المجال المعرفي لهذه المادة في اختبار يتكون من (60) فقرة، إذا كان وزن المجال المعرفي في الاختبار يساوي 80%.

س2: أكمل ما يأتي :

أ- تشير كلمة موضوعية في الاختبارات الموضوعية إلى موضوعية ....

ب-النمط السلوكي الذي يمكن أن يعتبر الأكثر أثراً على إجابة الفقرات من نوع الصواب والخطأ هو ....

ج-أمام الطالب احتمال اكبر في أن يخمن الإجابة الصحيحة على الفقرة من نوع.........

د-الهدف الرئيس من إعداد جدول المواصفات هو توزيع فقرات الاختبار بما يتناسب مع أهمية مجالات الأهداف ومستوياتها وكذلك مع أهمية ....

س3: ما الفوائد من إجراء التجربة الاستطلاعية ؟

س4: اذكر أهم خطوات إعداد الاختبار التحصيلي.

س5: عدد أهم مكونات كراسة الاختبار.

الفصل الرابع
استخراج خصائص الاختبارات
الموضوعية

الفصل الرابع: استخراج خصائص الاختبارات الموضوعية

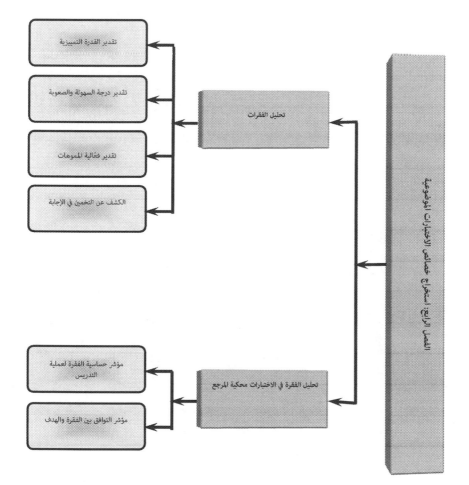

أهداف الفصل

يتوقع من القارئ في نهاية هذا الفصل أن:

1- يحسب مؤشر التمييز للفقرة.
2- يحسب مؤشر السهولة للفقرة.
3- يحسب مؤشر فعالية البديل.
4- يكشف عن التخمين في الإجابة عن فقرة معينة.
5- يصحح اثر التخمين.
6- يحسب مؤشر حساسية التدريس.

تحليل الفقرات: أشرنا في الفصل الثالث إلى تطبيق الاختبار لأول مرة (العينة الاستطلاعية) عند بناء الاختبارات معيارية المرجع يستفاد منها في تحليل فقرات الاختبار والتوصل إلى دلالات إحصائية يتم على أساسها إما حذف الفقرة أو تعديلها أو الإبقاء عليها. ويتم عادة تحليل الفقرات من خلال :

1- تقدير القدرة التمييزية للفقرة، بمعنى اختبار قدرة الفقرة على التمييز بين الطالب الضعيف والطالب القوي.
2- تقدير درجة السهولة والصعوبة.
3- تقدير فعالية المموهات (البدائل) في فقرة الاختيار من متعدد.

أولاً: حساب مؤشر التمييز للفقرة:

1- ترتيب أوراق الإجابة تصاعدياً أو تنازلياً حسب الدرجة الكلية على الاختبار. هذا الترتيب هو بحد ذاته ترتيب للطلبة حسب تحصيلهم في ذلك الاختبار.

2- تؤخذ فئتين من الأوراق:-

أ- إذا كان عدد الطلبة قليل نسبياً (اقل من 100) فانه يمكن قسمة الطلبة إلى فئتين هـما أعلى 50% وهم الفئة العليا، وأدنى 50% وهم الفئة الدنيا.

ب- إذا كان عدد الطلبة كبيراً نسبياً (اكثر مـن 100) يكتفي بـأعلى 27% وأدنـى 27% وبهـذا الاختبار تكون فئة الوسط 46%.

يستخدم القانون:

$$\text{ت (مؤشر التمييز للفقرة)} = \frac{\text{م} - \text{ن}}{\text{هـ}}$$

حيث م عدد من أجابوا إجابات صحيحة من الفئة العليا.

ن عدد من أجابوا إجابات صحيحة من الفئة الدنيا.

هـ عدد الطلبة في كل فئة.

هذا في حالة كون الإجابة إما صحيحة تماماً أو خاطئة تماماً أي تعطي الإجابـة الصـحيحة (1) والإجابة الخاطئة صفراً.

أما إذا كانت الإجابة يراعى فيها المعرفة الجزئية للطالب فان القانون يصبح:

$$\text{ت} = \frac{\text{م} - \text{ن}}{\text{هـ} \times \text{ل}}$$

حيث ل = الدرجة الكاملة للفقرة.

مثال 1: الجدول التالي يوضح توزيع عـدد الطلبـة مـن كـل مـن الفئتين العليـا والـدنيا والـذين اختاروا كل بديل من بدائل الفقرة (افترض العدد الكلي = 60)

أدنى 27% = 16	أعلى 27% = 16	النسبة والعدد البديل
صفر	صفر	أ
3	2	ب
8	12	ج*
5	2	د

* الإجابة الصحيحة.

الحل: إن القدرة التمييزية للفقرة ج (هي الإجابة الصحيحة) تساوي:

$$ت = \frac{12 - 8}{16} = 0.25$$

مثال 2: افرض إن الفقرة تستحق 10 نقاط ويمكن أن تأخذ إجابة الطالـب أي قيمـة بـين الصـفر والعشرة عن تلك الفقرة فإذا كانت هـ=16 ، م=140 ، ن=30

فان :

$$ت = \frac{140 - 30}{16 \times 10} = 0.69 \quad \text{(لأقرب جزء من مائة)}$$

80

ملاحظة: يمكن أن يأخذ مؤشر التمييز قيماً بين 1-، 1+ والقيمة الموجبة للمؤشر تدل على قـدرة تمييز تزداد كلما اقتربت من الواحد الصحيح، ويلاحظ ما يأتي:

- تحذف الفقرة إذا كان مؤشر التمييز لها سالباً.

- الفقرة ذات مؤشر تمييز محصور بين صفر، 0.19 فقرة ضعيفة التمييز وينصح بحـذفها أو تعديلها.

- الفقرة ذات مـؤشر تمييـز محصـورة بـين 0.2، 0.39 ذات قـدرة عـلى التمييـز مقبولـة وينصـح بتحسينها.

- الفقرة ذات مؤشر تمييز أكبر من 0.39 فقرة ذات قدرة عالية على التمييز ويجب الاحتفاظ بها.

ثانياً: حساب مؤشر السهولة للفقرة:

إن معامل السهولة للفقرة التي تعطي إجابتها واحداً أو صفراً يعرف بأنه نسبة الـذين أجابوا إجابة صحيحة عن الفقرة. ويتم حساب مؤشر السهولة لكل فقرة باستخدام القانون:

$$\text{مؤشر السهولة} = \text{هولة} = \frac{م + ن}{2 \, هـ}$$

حيث م = عدد من أجابوا إجابات صحيحة من الفئة العليا.

ن = عدد من أجابوا إجابات صحيحة من الفئة الدنيا.

هـ = عدد الطلبة في كل فئة.

ومن الواضح إن مؤشر الصعوبة = 1- مؤشر السهولة.

ويلاحظ بعد حساب مؤشر السهولة ما يأتي:

- مؤشر الصعوبة الأفضل هو 0.5

أي فقرة ضمن توزيع معاملات الصعوبة الذي يتراوح مداه بين 0.2 ، 0.8 بمتوسط مقداره 0.5 يمكن أن تكون مقبولة وينصح بالاحتفاظ بها.

ملاحظة: معامل السهولة لفقرة تراعي المعرفة الجزئية في التصحيح يمكن أن تحسب بالقانون الآتي

$$\text{مؤشر السهولة} = \frac{\text{م} + \text{ن}}{2\text{ن} \times \text{ل}}$$

مثال3: في المثال (1)

فان معامل السهولة = $\frac{8 + 12}{16 \times 2}$ = 0.63 (لأقرب جزء من مائة)

في المثال (2) فان معامل السهولة = $\frac{30 + 140}{10 \; 10\times16\times2}$ = $\frac{170}{320}$ = 0.53

مثال 4: انظر التوزيع التالي للطلبة في الفئتين ودرجاتهم على سؤال في امتحان خصص له المدرس 10 درجات.

	الطالب بالرمز	الدرجة
الفئة العليا	أ	8
	ب	9
	ج	5
الفئة الدنيا	ك	2
	ل	5
	م	صفر

$$\text{مؤشر السهولة} = \frac{7 + 22}{10 \times 6} = 0.58$$

ثالثاً: حساب مؤشر فعالية البديل:

يفترض أن تكون المموهات جذابة، بمعنى أن يتم اختيار أي مموه من قبل طالب أو اكثر، أو بنسبة لا تقل عن 5% من الطلبة. وبما إن اختيار أي من هذه المموهات يعتبر إجابة خاطئة، فمن البدهي أن يكون عدد الطلبة الذين يختارون أي منها في الفئة العليا اقل منه في الفئة الدنيا. ففي المثال (1) فان المموه (أ) لم يتم اختياره ابداً، لذلك فان وجوده أو غيابه سيان. وبالتالي يمكن حذفه والبحث عن مموه آخر إذا كان ذلك ضرورياً،

أما المموه (ب) فانه يميز بين الفئتين العليا والدنيا باتجاه معاكس لتمييز الفقرة، وبالتالي يعتبر مموهاً جيداً، بمعنى أن المموه الجيد هو ذلك المموه الذي يميز باتجاه معاكس لتمييز الفقرة وللحصول على مؤشر إحصائي لفعالية المموه يستخدم في ذلك القانون:-

حيث إن ع = عدد من اختاروا هذا البد يل من الفئة العليا.

د = عدد من اختاروا هذا البديل من الفئة الدنيا.

هـ = عدد الطلبة في كل فئة.

$$\text{مؤشر فعالية البديل} = \frac{\text{ع - د}}{\text{هـ}}$$

<u>مثال:</u> احسب فعالية البديل (د) الوارد في الجدول الملحق بالمثال (1).

الحل:

$$\text{مؤشر فعالية البديل} = \frac{5 - 2}{16} = -0,19$$ (لأقرب جزء من مائة)

رابعاً: الكشف عن التخمين في الإجابة عن فقرة معينة:

لا تنتهي عملية التحليل للفقرات بحساب معامل الصعوبة ومعامل التمييز وفعالية البديل الخاطيء (المموه)، بل يمكن الاستفادة من المعلومات المتوافرة عن الفقرة في التعريف على مدى استخدام الطلبة للتخمين العشوائي في إجابتهم عن الفقرة. ويلجأ أي طالب سواء كان من الفئة العليا أو الفئة الدنيا للتخمين العشوائي في الإجابة عن فقرة ما. عندما تكون متطرفة في صعوبتها، كأن يكون المستوى العقلي الذي تقيسه أعلى من المستوى العقلي للطلبة، أو ان الفقرة تقيس هدفاً هامشياً لم يهتم به الطلبة، أو إنها من خارج المادة الدراسية المقررة في الامتحان. فان واجه كل طالب أو اغلب الطلبة واحداً أو اكثر من هذه الأسباب، فسيكون هناك ميل جماعي للتخمين، وعندها تتقارب أو تتساوى أعداد الطلبة الذين أجابوا عن أي بديل من البدائل، سواء كانوا في الفئة العليا أو الفئة الدنيا كما في الأنموذج الآتي:

البديل	أ	ب	ج	د
فئة عليا	6	5	7	6
فئة دنيا	6	6	6	6

ومن الجدير بالملاحظة انه كلما تقاربت الأعداد بالنسبة للبدائل كلما استطعنا أن نستنتج أو نؤكد الميل للإجابة بالتخمين. ولتصحيح اثر التخمين نستخدم المعادلة الآتية:

$$\text{الدرجة} = \text{عدد الفقرات الصحيحة} - \frac{\text{عدد الفقرات الخاطئة}}{\text{ن} - 1} \quad 000\ (1)$$

حيث ن هي عدد البدائل.

وتستخدم هذه المعادلة لتصحيح الفقرات من نوع الصح والخطأ (أو الاختيار من بديلين) أو الاختيار من متعدد. وواضح أن هذه المعادلة تعاقب على التخمين. ويلاحظ ما يأتي:

- كل فقرة يخصص لها درجة واحدة في حالة الإجابة الصحيحة وصفراً في حالة الإجابة الخاطئة.

إذا شمل الاختبار فقرات تختلف في عدد البدائل، تجمع الفقرات حسب عدد البدائل. وتطبيق المعادلة على كل مجموعة.

- لا تدخل الفقرات المتروكة ضمن الفقرات الخاطئة.

أما المعادلة:

$$\text{الدرجة} = \text{عدد الفقرات الصحيحة} + \frac{\text{عدد الفقرات المتروكة}}{\text{ن}} \quad 000\ (2)$$

فهي تشجع الطالب على عدم التخمين بدلاً من معاقبته عليه وهناك معادلة ثالثة تعاقب على التخمين وتشجع على عدم التخمين في الوقت نفسه.

$$\text{الدرجة} = \text{عدد الفقرات الصحيحة} \quad \frac{\text{عدد الفقرات الخاطئة}}{\text{ن-1}} + \frac{\text{عدد الفقرات المتروكة}}{\text{ن}} \quad 000(3)$$

مثال 5: الجدول التالي يوضح توزيع عدد الطلبة من كل من الفئتين العليا والدنيا والذين اختاروا كل بديل من بدائل الفقرة.

النسبة والعدد البديل	الفئة العليا الفئة	الفئة الدنيا
أ	60	40
ب	20	30
ج	15	20
د	5	10
المجموع	100	100

البديل (أ) هو الإجابة الصحيحة.

- يلاحظ إن البديل (أ) قد جذب من الفئة العليا اكثر من الفئة الدنيا وهذا هو الشيء المنطقي الصحيح.
- إن المموهات: ب، ج، د هي مموهات صحيحة لأنها جذبت من الفئة العليا اقل من الفئة الدنيا.
- اكثر المموهات فاعلية هو المموه (ب) لانه جذب من الفئتين العليا والدنيا(50) طالباً ويليه المموه (ج) لانه جذب من الفئتين العليا والدنيا(35) طالباً ويليهما المموه (د) لانه جذب من الفئتين العليا والدنيا(15) طالباً.

تحليل الفقرات في الاختبارات محكية المرجع:

لقد أشرنا في فصول سابقة إلى أن التقويم المحكي هو التقويم الذي يسعى إلى تحديد مستوى الطالب بالنسبة إلى محك (مستوى) ثابت دون الرجوع إلى أداء فرد آخر، وهذا المستوى يرتبط عادة بالأهداف السلوكية للمقرر التعليمي فإذا وصل إلى مستوى الإنجاز فانه تمكن من التعلم وإذا لم يصل إلى هذا المستوى؛ فانه قد اخفق في التمكن من التعلم. وعليه فان مصمم أداة التقويم المحكي لا يهتم بفقرات تتباين في صعوبتها بحيث تكون قادرة على التمييز بين الطلبة في استيعابهم للمفاهيم بقدر ما ينصب اهتمامه على بناء فقرات تقيس كل واحدة فيها هدفاً سلوكياً محدداً.أي تقاس فعالية الفقرة في الاختبارات محكية المرجع بدرجة انسجامها مع الهدف السلوكي الذي وضعت لقياسه، ثم مع درجة حساسية الفقرة لعملية التدريس. وبشكل عام، يمكن القول بان انتقاء الفقرات في الاختبارات محكية المرجع يعتمد على درجة قياسها لناتج التعلم المقصود بالدرجة الاولى، ولايعني ذلك الإنقاص من أهمية قدرة الفقرة على التمييز بأي حال من الأحوال.

وفيما يلي أهم المؤشرات الإحصائية التي تكشف عن فعالية الفقرة في الاختبارات محكية المرجع:

1- مؤشر حسابية الفقرة لعملية التدريس:

ويدل على درجة صدق الفقرة في قياسها للهدف.

$$\text{ويساوي} \quad \frac{\text{ب} - \text{ق}}{\text{ن}}$$

حيث ب= عدد من أجابوا إجابة صحيحة بعد التدريس.

ق= عدد من أجابوا إجابة صحيحة قبل التدريس.

ن= عدد الطلبة المتقدمين للاختبار.

ويأخذ المؤشر قيماً محصورة بين 1،1- والفقرة عالية الحساسية يقال لها فقرة فعالة وينبغي الاحتفاظ بها. وبدهي ان تحذف الفقرة إذا كان مؤشر الحساسية لها سالباً.

2- مؤشر التوافق بين الفقرة والهدف:

ويدل عليها درجة صدق الفقرة في قياسها للهدف والذي سنتناوله في الفصول اللاحقة.

مثال6:

في اختبار محكي المرجع كان عدد الذين أجابوا إجابة صحيحة بالبند (1) يساوي (6) وذلك بعد التدريس أما عدد الذين أجابوا إجابة صحيحة على البند نفسه قبل التدريس فكان صفراً احسب حساسية فاعلية التدريس.

الحل:

$$\text{مؤشر حساسية التدريس} = \frac{\text{ب} - \text{ق}}{\text{ن}} \qquad \frac{6 - 0}{6} = 1$$

87

عينة الاختبار الذاتي

س1: امتحان يتكون من 100 فقرة من نوع الصواب والخطأ. أجاب أحد الطلبة عن جميع الفقرات. وكان عدد الإجابات الصحيحة 50 فقرة فإذا كان المطلوب في التعليمات ان لا يخمن. كم تصبح درجته بعد معاقبته لأثر التخمين إذا خمن ولم يلتزم بالتعليمات.

ج: صفر

س2: في السؤال السابق إذا ترك اجابات غير محلولة والتزم بالتعليمات التي تطلب منه ان يخمن.   ج: 50

س3: اختبار يتكون من 50 فقرة من نوع الاختبار من ثلاثة بدائل. أجاب طالب عن 42 فقرة عندما طلب منه أن لا يخمن. بينما كان عدد الفقرات التي أجاب عنها إجابة صحيحة 30 فقرة. كم درجته بعد التعديل بالطرق الثلاث الواردة في الفصل الرابع؟ ج: 24 (في حالة العقاب) 33 تقريباً (مكافأة)

27 تقريباً (عقاب-مكافأة)

س4: اجب بنعم أو لا:

أ-الاتجاه العام في ترتيب الفقرات في كراسة الاختبار هو الترتيب حسب صعوبة الفقرة.

ب-من الضروري جداً ان يتم تنبيه الطالب لأثر التخمين في اختبار فقراته من نوع الإجابة المصوغة. ج: من الأفضل توضيح أسئلة الطلاب عن بعض فقرات الاختبار بصورة فردية.

س5: اذكر أربعة عوامل يمكن أن تشجع الطالب على الغش في الاختبار.

س6: إذا أجاب طالب 30 فقرة امتحان يتكون من 45 سؤالاً من نوع الاختيار من أربعة بدائل وكان عدد الفقرات التي أجاب عنها فعلاً 30 فقرة. احسب درجته المصححة لأثر التخمين بالطرق الثلاث للتصحيح.

الفصل الخامس
مواصفات الاختبار الجيد

الفصل الخامس: مواصفات الاختبار الجيد

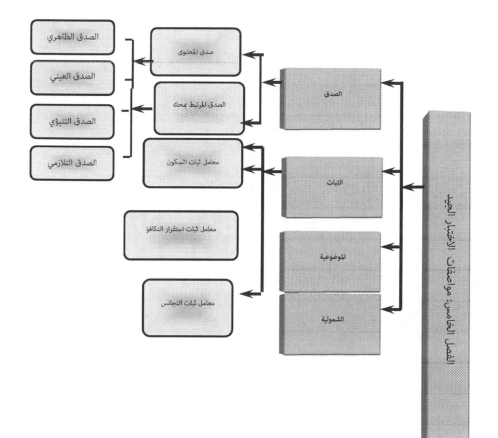

أهداف الفصل

يتوقع من القارئ في نهاية هذا الفصل أن:

1- يذكر مواصفات الاختبار الجيد.
2- يذكر نوعين من أنواع الصدق.
3- أن يذكر ثلاثة أنواع من الثبات.
4- يذكر ميزات ومساوئ طريقة إعادة الاختبار.
5- يذكر ميزات ومساوئ طريقة ثبات استقرار التكافؤ.
6- يذكر ميزات ومساوئ طريقة التجزئة النصفية.
7- يحسب معامل الثبات حسب معادلة رولون.
8- يحسب معامل الثبات حسب معادلة كورد – ريتشاردسون 20.
9- يبين كيف يبنى ملفاً للأسئلة.
10- يكتب أنموذجاً لبطاقة ملف الأسئلة.

تمهيد:

يعتبر الاختبار من أدوات التقويم الهامة. وتستخدم نتائجه في اتخاذ القرارات التربوية. وكلما زادت أهمية القرار الذي يتوقع أن يتم اتخاذه كلما زادت الحاجة إلى أن تكون المعلومات التي نحصل عليها من الاختبار دقيقة وذات صلة وثيقة بالغرض الذي اعد من اجله.

ولا يعد الاختبار أداة صالحة إلا إذا توافرت فيه شروط معينة هي بمثابة أهداف يحاول مصمم الاختبار تحقيقها أثناء تصميمه للاختبار واهم هذه الشروط:-

1- الصدق   2- الثبات   3- الموضوعية   4- الشمولية   5-معامل التمييز
6-السهولة والصعوبة   7- فعالية البدائل   8-التخمين

وقد أشرنا في الفصل الرابع إلى الصفات الأربعة الأخيرة وفيما يلي نوضح بصورة مختصرة الصفات الأربعة الأولى:-

أولاً: الصدق: (Validity)

الاختبار الصادق هو الاختبار الذي يقيس ما أعد لقياسه. أو الذي يحقق ما أُعِدَّ لأجله. فمثلاً يعد اختبار الاستعداد المدرسي صادقاً إذا كان قادراً على قياس الاستعداد الدراسي بشكل صادق. ويقال إن الاختبار صادق إذا توافرت الأدلة الكافية على أنه يقيس فعلاً العامل الذي صمم الاختبار لقياسه. وانه لا يقيس عوامل أخرى، فالاختبار التحصيلي الصادق هو إذا تمكن من قياس مدى تحقيق الأهداف التربوية المعرفية للمادة التي وضع من اجلها بنجاح. وقد يكون الاختبار صادقاً وعلى درجة عالية من الصدق بالنسبة لهدف معين ومتوسط الصدق بالنسبة لهدف آخر وضعيف بالنسبة لهدف ثالث.

وسنقتصر هنا على نوعين للصدق هما:-
1-صدق المحتوى (Content).
2-الصدق المرتبط بمحك (Criteria Related).

1-صدق المحتوى (المضمون) (Content):

وهو يعني انه إلى أي حد يكون الاختبار قادراً على قياس ما وضع من اجله أو قادراً على قياس مجال محدد من السلوك ويقصد بصدق المحتوى إجراء فحص منظم لمجموع المنبهات والفقرات التي يتضمنها الاختبار لتقدير مدى تمثيله للمجال السلوكي المعيّن الذي اعد الاختبار لقياسه. وهذا النوع من الصدق يناسب الاختبارات التحصيلية واختبارات الكفايات المهنية. ولكي يضمن مصمم الاختبار صدق اختباره في قياس التحصيل في مادة معينة فانه يبدأ بدراسة المنهج ويحلل أهدافه العامة إلى أهداف تفصيلية تشمل المعلومات

والمهارات والاتجاهات المختلفة التي يهدف المنهج إلى تحقيقها ثم يحدد وزن كل منهـا ومن ثم يقوم بعد ذلك بدراسة المنهج بدقة وتفصيل، ويحدد وزن كل منها، ومـن هـذه الأوزان يحدد الأسئلة. ولا يستخدم الإحصاء في حساب صدق المحتوي فيما عدا حساب النسبة المئويـة للاتفاق بين آراء المحكمين(الحكام). وبأن الاختبار يعتمد على المحكمين في الحصول عـلى مـؤشر صدق المحتوى.

وهناك نوعين من صدق المحتوى:
أ-الصدق الظاهري (Face Validity):
ب-الصدق العيني (Sampling Validity)

أ-الصدق الظاهري (Face Validity):
وهو الإشارة إلى مدى قياس الاختبار للغرض الذي وضع من اجله ظاهرياً، ويتم التوصـل إليه من خلال توافق تقديرات المحكمين على درجة قياس الاختبـار للسـمة. والصـدق الظاهـري يقصد به المظهر العام للاختبار من حيث المفردات وكيفيـة صـياغتها، ومـدى وضوحها، وكذلك يتناول تعليمات الاختبار ودقتها ودرجة وضوحها وموضوعيتها ومـدى مناسبة الاختبار للغـرض الذي وضع من اجله.

وقد حدد(موزر) أربعة معانٍ مختلفة للصدق الظاهري هي:
أ- الصدق بحكم مفهوم   بـ- الصدق بحكم تعريف   ج- صدق المظهر
د-الصدق بحكم الفروق.

ب-الصدق العيني (Sampling Validity):

يتطلب هذا النوع من الصدق تحديداً أدق للمجال أو للموضوعات الدراسية التي يعطيها الاختبار. وكلما كانت هذه الموضوعات اكثر تحديداً فانه يتوقع أن يكون الصدق العيني أعلى، ويعتبر جدول المواصفات خطوة أساسية في بناء الاختبارات التحصيلية، وبهذا الجدول يضمن بأن الاختبار حصر الموضوعات وتحديد مدى أهمية كل منها، وذلك لتمثيلها في الاختبار بما يتناسب مع أهميتها، كما يضمن جدول المواصفات حصر تغييرات السلوك في الاتجاه المرغوب فيه، وتمثيلها في الاختبار بما يتناسب مع أهميتها. وهذا يحتاج إلى تقديرات محكمين مختصين في المادة الدراسية والقياس التربوي، ومن الجدير بالملاحظة هنا الصدق العيني يركز على عدد الأسئلة، بينما يركز الصدق الظاهري على محتوى الأسئلة بصرف النظر عن عددها أو تغطيتها للمادة الدراسية أو الأهداف التدريسية أو السمة التي تقيسها.

يلاحظ إن صدق المحتوى بشكل عام يعتمد على تقديرات المحكمين، ولهذا فهو اكثر أنواع الصدق عرضه لأخطاء التقدير. إلا انه أهم أنواع الصدق في الاختبارات بشكل عام واختبارات التحصيل بشكل خاص. أما عن سبب الاعتماد على طريقة التحكيم في تقدير صدق المحتوى فهو غياب المؤشرات الإحصائية. ولذلك فان الاتجاه العام في تحديد صدق المحتوى هو الاعتماد على زيادة عدد المحكمين بقدر الإمكان لكشف عن مدى الاتفاق في تقديراتهم.

2- الصدق المرتبط بمحك (Criterion Related):

يتركز الاهتمام في هذا النوع من الصدق على مدى صلاحية الاختبار من الناحية الوظيفية أو العملية، فصدق المحتوى مثلاً يركز على خدمة الاختبار نفسه. أما بالنسبة لهذا النوع من الصدق فان الإجراءات تركز على مدى تقديم الاختبار أو تحقيقه لغرض معين

بصرف النظر عن صدق المحتوى. وهذا لا يعني استقلالية أنواع الصدق المختلفة عن بعضها، فجميع أنواع الصدق تعزز بعضها البعض.

ويتضح من التسمية إن هذا النوع من الصدق يعتمد على معامل الارتباط بالدرجة الأولى كمؤشر إحصائي لتقدير درجة الصدق، أي الارتباط بين نتائج الاختبار الذي نبحث عن صدقه، والنتائج على محك معين. وهنا نتناول نوعين من الصدق حسب توقيت جميع المعلومات على الاختبار والمحك هما:-

أ-الصدق التنبؤي (Predictive Validity) .

ب-الصدق التلازمي (Concurrent Validity).

أ. الصدق التنبؤي (Predictive):

يتم في هذا النوع من الصدق جمع المعلومات على المحك بعد فترة طويلة نسبياً من جمع المعلومات على الاختبار أو أداة القياس التي نبحث عن صدقها، ولذلك سمي بالصدق التنبؤي، وتتلخص الإجراءات في تطبيق الاختبار على الأفراد الذين يمثلون عينة الصدق قبل خضوعهم للمحك، ويتم الاحتفاظ بنتائجهم على الاختبار إلى أن يخضعوا للمحك في فترة زمنية لاحقة، وتجمع نتائجهم على المحك، ثم يحسب معامل الارتباط بين نتائجهم على الاختبار والمحك.

<u>مثال</u>: معامل الارتباط بين المعدل التراكمي الجامعي، والنجاح مستقبلاً بمهنة التدريس مقدراً من قبل الاختصاصيين التربويين، هو معامل الصدق التنبؤي للمعدل الجامعي.

ب- الصدق التلازمي (concurrent):

تتلخص الإجراءات في هذا النوع من الصدق بجمع المعلومات على الاختبار الذي نبحث عن صدقه، وعلى المحك بنفس الفترة الزمنية أو بفاصل زمني قصير جداً. بمعنى إن الأفراد الذين يمثلون عينة الصدق يخضعون للمحك عند جمع المعلومات

على المتنبىء وبما إن جمع المعلومات متزامن على المتغيرين (المتنبئ والمحك) فان أي منها يمكن أن يحل محل الآخر دون تمييز وخاصة عندما يصعب ترجيح أي منها كمحك.

مثال: معامل الارتباط بين تقديرات الاختصاصيين التربويين لمدى نجاح المدرسين في مهنة التدريس وتقديرات الطلبة للغرض نفسه او تقديرات المديرين.

ثانياً: الثبات (Reliability):

إن ثبات الاختبار يعني أن يعطي الاختبار نفس النتائج إذا ما أعيد على نفس الأفراد في نفس الظروف.

وهناك اكثر من طريقة لتقدير معامل الثبات، نظراً لتعدد مصادر أخطاء القياس وبالتالي تأثر الطريقة الواحدة بنوع أو اكثر من الخطأ، بمعنى ان بعض الأخطاء تظهر في نوع معين من معاملات الثبات ولا تظهر في نوع آخر وسنتناول هنا ثلاثة أنواع من الثبات هي:

1- معامل ثبات السكون (Stability) أو طريقة إعادة الاختبار (Test-Retest method)

والطريقة المستخدمة هي إعادة تطبيق الاختبار بعد مرور فترة زمنية على التطبيق الاول، ويكشف هذا النوع من المعاملات عن درجة ثبات السمة المقاسة (التحصيل) خلال هذه الفترة. وقد يؤثر على المعامل في هذه الحالة عوامل مثل النسيان واختلاف ظروف التطبيق، وتتأثر نتائج الاختبارات بعامل النضج خاصة إذا طالت الفترة بين إجراء الاختبارين. وإذا قصرت الفترة بين الإجراء في المرتين فان الطلاب سيتذكرون ما كتبوه في المرة الأولى ويتلافون الأخطاء التي وقعوا فيها في المرة الأولى وقد يسألون زملاءهم الآخرين. كما ان هذه الطريقة مكلفة مادياً والوقت المستخدم في إجرائها يكون طويلاً. أما طريقة حساب هذا المعامل فهي ليست أكثر من حساب لمعامل الارتباط، ومن الجدير بالملاحظة هنا إن غياب أي طالب في الإعادة يسقط من العينة، وكأن لم يقدم الاختبار في المرة الأولى.

2. معامل ثبات استقرار التكافؤ (Stability – Equivalence):

والطريقة الخاصة به هي استخدام الصور المكافئة، بمعنى تطبيق اختبارين متكافئين على نفس المجموعة في نفس الوقت أو بعد استراحة قصيرة قد تصل إلى يوم واحد. أكثر الأمور تأثيراً على هذه الطريقة عدم ضمان التكافؤ التام بين الاختبارين.

ومن مميزات هذه الطريقة هو اختفاء عامل النضج بشكل واضح لان الفترة بين الاختبارين قصيرة ويختفي كذلك اثر التدريب لان فقرات الاختبار الاول، تختلف عن فقرات الاختبار الثاني ولكن يصعب تصميم اختبارين متكافئين في جميع الجوانب وصعوبة وضع الطلبة في نفس الظروف إذا أعطي الاختباران في فترتين مختلفتين وطريقة الصور المتكافئة تعتبر مكلفة مادياً. والوقت المستخدم لأجرائها يكون كبيراً.

إن هذه الطريقة تناسب اختبارات التحصيل أكثر من مقياس الميول والاتجاهات وتستخدم كثيراً في اختبارات القدرات والاستعداد.

3. معاملات ثبات التجانس (The Internal – Consistency Method):

الطرق السابقة لحساب معاملات الثبات يمكن أن تناسب الاختبارات المقننة أكثر من الاختبارات التي يعدها المدرس. لأنها تحتاج إلى تطبيق الاختبار أو صورة مكافئة له أكثر من مرة. إلا أن معاملات ثبات التجانس لا تتطلب إلا إلى تطبيق الاختبار مرة واحدة ولعل أهم هذه المعاملات أو الطرق هي طريقة التجزئة النصفية (Spilt – halves Method). وتتمثل في تقسيم الاختبار عشوائياً إلى قسمين (فردي وزوجي مثلاً). وفي جميع الأحوال السابقة بحساب معامل الارتباط بين الدرجات.

ومن مميزات هذه الطريقة:-
- تتشابه ظروف الإجراء في الفقرات الزوجية والفردية، نظراً لان الإجراء يتم في نفس الوقت.
- لا يوجد اثر لعامل النضج بسبب أن الفقرات يتم إجراؤها في وقت واحد.
- يختص عامل الممارسة والتدريب في هذه الطريقة.
- تجنب الفاحص إعادة الاختبار مرة ثانية، فتوافر الجهد والوقت.

ومن عيوب هذه الطريقة إن قيمة معامل الثبات المستخرجة تكون ضعيفة لان الاختبار جزئ إلى نصفين ويجب استخدام معادلات إحصائية لإزالة هذا الضعف. ويشترط في استخدام هذه الطريقة أن تتساوى المتوسطات الحسابية والانحرافات المعيارية بين النصفين قبل استخراج معامل الارتباط بين النصفين.

حساب معامل الثبات:

إن الطريقة النصفية اسهل استخداماً بالنسبة للاختبارات المدرسية خاصة وان هناك بعض الآلات الحاسبة البسيطة المبرمجة لحساب بعض المقادير الإحصائية ومنها معامل الارتباط لذلك سنستخدم معادلة رولون (Rulon, 1939) لحساب معامل الثبات للطريقة النصفية ونستخدم معادلة كودر - ريتشاردسون 20 (Kuder - Richardson, 1937)) للطرق الأخرى لاعتماد هذه المعادلة على البيانات المستخدمة في حساب مؤشر السهولة والصعوبة.

1- معادلة رولون (Rulon, 1939) هي:

$$ر_{س س} = 1- \frac{ع^2_{فرق}}{ع^2_{س}}$$

حيث $ع^2_{فرق}$ تباين الفرق على نصفي الاختبار.

مثال: اختبار يتكون من 20 سؤال قسم الى نصفين، وحسبت الدرجة لكل طالب على كل من النصفين ($س_1$ ، $س_2$) والدرجة الكلية (س) والفرق في الدرجات ($س_{فرق}$) على النصفين علماً بان عدد الطلاب = 10 وخصص للامتحان (30) درجة موزعة بالتساوي على الاسئلة، كما مبين في الجدول الآتي:-

الطالب	أ	ب	ج	د	هـ	و	ز	ح	ط	ي	ع	ع
س	15	10	8	0	2	12	6	4	13	6	4.65	21.64
س	14	12	6	4	3	14	8	4	10	5	4.02	16.22
س	29	22	14	4	5	26	14	8	23	11	8.45	71.44
س-فرق	1	2-	2	4-	1-	2-	2-	0	3	1	2.06	4.24

معامل الثبات بمعادلة رولون:

$$ر_{س س} = 1 - \left[\frac{4.24}{71.44}\right] = 0.941$$

2- <u>معادلة كودر - ريتشاردسون</u> (Kuder - Richardson, 1937)

ويشار إليه عادة بالرمز (KR- 20) لتمييزها عن باقي المعادلات التي تنسب الى كودر - ريتشاردسون فهي:

$$KR\text{-}20 = \frac{ن}{ن - 1}\left\{1 - \frac{\sum ص\,(1 - ص)}{ع^2_{س}}\right\}$$

حيث ص معاملة صعوبة الفقرة

(1-ص) = سهولة الفقرة.

ص (1-ص) =ع2 = تباين الدرجات على الفقرة الواحدة.

<u>مثال</u>: يبين الجدول الآتي: توزيع درجات عشرة طلاب في صف افتراضي على امتحان افتراضي يتكون من ست فترات.

جدول

	1	2	3	4	5	6	س
أ	1	1	1	1	1	1	6
ب	1	1	0	1	1	0	4
ج	1	0	0	1	1	1	4
د	1	1	1	1	1	1	6
هـ	0	0	0	0	1	0	1
و	1	0	0	1	0	0	2
ز	1	1	1	1	1	0	5
ح	1	1	0	0	1	0	3
ط	1	1	1	0	0	0	3
ي	0	0	0	0	0	0	0
ص	0.8	0.6	0.4	0.6	0.7	0.3	
1-ص	0.2	0.4	0.6	0.4	0.3	0.7	
ع2 ف	0.16	0.24	0.24	0.24	0.21	0.21	

ع =1.91 ، $ع^2$ =3.64

$ع^{2\,س}_{ف}$ =ص (1-ص) ، $ع^{2\,س}_{ف}$ =1.30

تقدير معامل تجانس حسب معامل KR-20

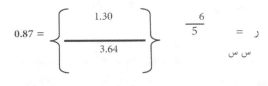

$$ر_{س س} = \frac{6}{5} \left\{ \frac{1.30}{3.64} \right\} = 0.87$$

ثالثاً: الموضوعية (Objectivity):

ويقصد التحرر من التحيز أو التعصب وعدم إدخال العوامل الشخصية فيما يصدره الباحث من أحكام ويجب أن لاتتأثر درجة الاختبار بالأحكام الذاتية للشخص المصحح أو المقّوم. وترتبط الموضوعية بطريقة تصحيح الاختبار أكثر من ارتباطها بالاختبار نفسه، ويرافق بكل اختبار أنموذج للإجابات الصحيحة يطلق عليه دليل تصحيح الاختبار، وتتضمن الموضوعية تحديد العمل المطلوب من المفحوص تحديداً دقيقاً فلا يترك مجالاً للحرية الفردية. فالاختبار المنظم هو الاختبار الذي يتمكن جميع المفحوصين من تفسير مفرداته بنفس الطريقة.

وقد سبق أن ذكرنا في الفصل الثاني مقترحات لتحسين الأسئلة المقالية والموضوعية منها ما يتعلق بتصميم الاختبار والأخرى ما يتعلق بتصحيحه.

رابعاً: الشمولية (Comprehensiveness) :

وتتضمن الشمولية جانبان هما تغطية الأهداف وتغطية المحتوى، فعلى سبيل المثال إذا كان المدرس يقوم بتدريس وحدة دراسية معينة مثل وحدة الأهداف المتضمنة: المعرفة، والفهم، والتطبيق. والمهارة مع عدد من المواصفات التي تندرج تحتها فعندئذ إن الاختبار المصمم لقياس هذه الوحدة يجب أن يحتوي على فقرات تقييم كل المتغيرات المرغوبة المطلوب تحقيقها من تدريس هذه الوحدة. وكذلك في حالة كون الوحدة الدراسية تتضمن عدداً من النقاط التعليمية فانه يجب أن تغطى من خلال الأسئلة المتنوعة التي تقدم ضمن الاختبار. ولتحقيق الشمولية في الاختبارات التحصيلية فيفضل وضع جدول مواصفات

لتوزيع الأسئلة حسب الأهداف التي يسعى المدرس الى تحقيقها في الاختبار ومحتوى المادة الدراسية المطلوبة إجراء اختبار فيها.

وبمعنى آخر يجب أن تكون الأسئلة متنوعة من حيث السهولة والصعوبة ومتنوعة من حيث محتوى المادة الدراسية.
إن درجة الشمول تؤثر عادة في مدى ثبات الاختبار وصدقه.

ملاحظة: هناك صفات أخرى للاختبار الجيد منها سهولة التطبيق وسهولة التصحيح والاقتصاد والتكلفة. كلها قد تكون عائقاً تمنع تحقيق الموضوعية والثبات والصدق.

ملف الأسئلة (بنك الأسئلة):

يتوقع أن يحتفظ المدرس بالأسئلة التي تتمتع بخصائص جيدة في ملف خاص . وأهم هذه الخصائص صدق المحتوى للفقرة، وانسجامها أو مدى مناسبتها للهدف التدريسي- الذي تقيسه، وصدقها، أي قدرتها في التمييز بين الطلبة حسب مستوياتهم التحصيلية، وكذلك مستوى صعوبة الفقرة هذا وينصح المدرس بأن يبدأ في بناء هذا الملف مع بداية تدريسه لمبحث معين، بحيث ينمو هذا الملف كمّاً ونوعاً مع مرور الزمن، حيث يتوقع أن يكبر هذا الملف بشكل يعتبر عندها أحد المؤشرات التي تدل على أن لدى المدرس خبرة فعلية، وليس مجرد سنوات تمضي. ولسهولة التعامل مع هذه الرزمة من الفقرات أو الأسئلة في الملف، فانه ينصح بتخصيص بطاقة مستقلة لكل فقرة بحيث تحتوى هذه البطاقة معلومات وافية عن الفقرة.

وفيما يلي أنموذج لبطاقة ملف الأسئلة:

المادة: الهندسة للصف الثالث المتوسط. التاريخ / /

الفصل/ السادس

الموضوع: هندسة الدائرة

الصفحة: 196 الهدف: معرفة

السؤال: من نقطة خارجة عن دائرة يمكن رسم:

أ-مماس واحد فقط ☐ ب-مماسان ☐

ج- لا يمكن رسم مماس ☐ د-ثلاثة مماسات ☐

بيانات التحليل :

المجموعة / الاختبارات	أ	ب	ج	د
عليا 15	1	11	2	1
دنيا 15	4	5	3	3

معامل السهولة= 0.03

معامل التمييز= 0.40

ملاحظات أخرى ....

عينة أسئلة التقويم الذاتي

س1: اعتمد البيانات في الجدول، والمتعلقة بسؤال من نوع اختيار من أربعة بدائل (س، ص، ع، ل) للإجابة عن الأسئلة التي تليه، علماً بان صـ هو البديل الصحيح، وان الأرقام داخـل الجدول تشير الى عدد الذين اختاروا كل بديل.

الفئة/البديل	س	ص	ع	ل
العليا(20طالب)	صفر	12	3	5
الدنيا(20طالب)	6	6	8	صفر

- ما هو أضعف مموه.
- احسب معامل الصعوبة.
- احسب معامل التمييز.

س2: ماهي شروط الاختبار الجيد ؟

س3: ما المقصود بالصدق التنبؤي ؟ وما المقصود بالصدق التلازمي ؟

س4: ما المقصود بثبات المتجانس. وكيف تحسب الثبات باستخدام معادلة كودر- ريتشاردسون 20 ؟

س5: ما المقصود بالموضوعية عند تصحيح الاختبار ؟

الفصل السادس
التقويم بغير الاختبارات
الوسائل اللا اختبارية

الفصل السادس: التقويم بغير الاختبارات (الوسائل اللا اختبارية)

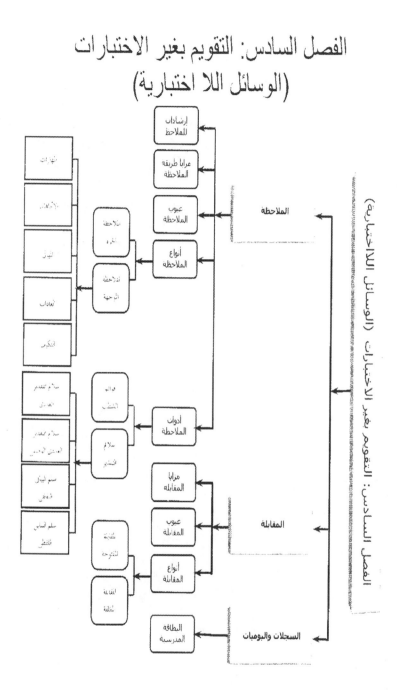

أهداف الفصل:

يتوقع من القارئ بعد دراسته لهذا الفصل أن يكون قادراً على:

1- المقارنة بين أدوات جمع البيانات من خلال مزاياها وعيوبها.

2- يميز الأهداف القابلة للقياس بغير الاختبارات.

3- يطور أدوات ملاحظة لسمات وقدرات مختلفة.

4- يميّز بين مقاييس التقدير المستخدمة في أدوات الملاحظة.

5- يستخدم الأدوات المناسبة لطبيعة المرحلة الدراسية.

6- يتعرف على مزايا وعيوب المقابلة في جمع المعلومات.

7- يتعرف على مزايا وعيوب البطاقة المدرسية في جمع المعلومات.

8- يتعرف على مزايا وعيوب الملاحظة في جمع المعلومات.

9- يتعرف على مزايا وعيوب السجلات واليوميات.

تمهيد:

لقد ركزنا في الفصول السابقة على الاختبار كأداة قياس وتقويم لكثير من نواتج التعلم وبشكل خاص تلك التي تتعلق بالمجال المعرفي، إلا إن بعض نواتج التعليم وخاصة في المجالين الحركي والانفعالي قد لا تناسبها هذه الاختبارات كأداة قياس وتقويم ولا بد من استخدام أدوات أخرى، ولذلك سيكون الحديث في هذا الفصل عن الملاحظة والمقابلة والاستبيانات.

أولاً: الملاحظة (Observation)

عندما يطلب الباحث من كل فرد في عينة البحث أن يقدم تقريراً ذاتياً (Self – Report) عن ميوله، أو مشاعره، أو آرائه، أو اتجاهاته، أو أي سلوك يحدده الباحث، فانه يفترض بان الفرد يلاحظ نفسه، ولكن قد يخفي الفرد بعض ما يلاحظه، وقد يزيفه

110

لسبب ما، كان يبدي سلوكاً مرغوباً فيه، أو يظهر بمظهر اجتماعي معين، ولذلك قد لا يكتفي الباحث، وقد لا يكون من المناسب أن يكتفي بملاحظة الفرد لنفسه، خاصة في بعض المراحل العمرية للأفراد، أو في بعض السمات الشخصية، أو في بعض برامج التقويم، التي تحتاج إلى ملاحظ غير متحيز. وقد لا يستطيع الفرد ملاحظة سلوكه أحياناً، ولذلك تظهر الحاجة إلى ملاحظ خارجي، ولكن المهمة التي يقوم بها الملاحظ ليست سهلة فقد يتطلب منه الموقف أن يسجل ما يلاحظه لأغراض وصف السلوك، وقد يتعدى الوصف ليستدل على سمة خفية من خلال السلوك الملاحظ، أو ليقوم بإصدار أحكام واتخاذ قرارات.كما تختلف درجة تعقيد السلوك الملاحظ من موقف إلى آخر، ولربما تطلب الموقف تسجيل ملاحظات بوجود الملاحظ نفسه أو بغيابه نتيجة لتأثر الموقف بوجوده. ولذلك تختلف درجة تدخل الملاحظ في موقف الملاحظة. وعلى الباحث أن يكون على وعي بدرجة تأثير وجود الملاحظ ونوع التدريب وكفاءته في القيام بهذه المهمة. فقد يتطلب الموقف مشاركة كلية للملاحظ (Complete participation). ويصبح فيها الملاحظ كأي فرد آخر في المجموعة ويخفي دوره كملاحظ. وبالمقابل فقد يتطلب الموقف أن يوضح دوره كملاحظ ولكن بعد بناء علاقة وئام وثقة مع الأفراد في المجموعة، وذلك ليتمكن من ملاحظة أي شيء وباستمرار ويسمى عندها الملاحظ المشارك (Participant Observer).

إرشادات للملاحظ:

مثلما يحصل في التقرير الذاتي حيث يلاحظ الفرد نفسه ويزيف الاستجابات الواردة في التقرير، فقد يزيف الفرد سلوكه بوجود الملاحظ. كما إن الملاحظ يقع في عدة أخطاء منها:

- قد يلاحظ سلوكاً لا علاقة بالسمة المرغوب في ملاحظتها، أو قد يلاحظ سلوكاً هامشياً. ومن الجدير بالذكر هنا أن الباحث هو الذي يقرر فيما إذا كان السلوك هامشياً

أو أساسياً خاصة في بعض أنواع البحوث التي لا يضع الباحث أي توقع مسبق للسلوك الملاحظ كما هي الحال في بحوث الميدان (Ethnographic).

- قد يشعر الفرد أحياناً أن الفرد يتدخل في خصوصياته.

- ملاحظة السلوك لفترة زمنية قصيرة نسبياً في وضع غير طبيعي، وتأثر الملاحظ بالفكرة السابقة عن الشيء أو السلوك الملاحظ أو ما يشار إليه بأثر الهالة، أو تأثر الملاحظات التي يسجلها بالبنية الشخصية للملاحظ، مثل الليونة أو التشدد أو الميل نحو الوسط.

ولذلك يمكن للملاحظ أن يتبع الإرشادات الهامة الآتية:

1- تحديد السمات أو الخصائص التي يتطلبها البحث.

2- ملاحظة السلوكيات ذات العلاقة بالسمة التي يحددها البحث.

3- التركيز على ملاحظة عدد محدود من أنماط السلوك في وحدة الزمن التي يصطلح عليها الباحث. أو تفرضها ظروف البحث وخصائص العينة.

4- محاولة القيام بالملاحظة دون معرفة الفرد بأنه يلاحظ من قبل الباحث مثلاً في الحالات التي تتطلب ذلك.

5- ملاحظة اكبر ما يمكن من السلوكيات المرتبطة بالسمة الملاحظة وذلك بالقيام بالملاحظة على فترات لمدة طويلة نسبياً.

6- التسجيل الفوري للملاحظات، حتى لا تتعرض للنسيان وبالتالي حصول التحزير والتلفيق.

7- محاولة إشراك عدة ملاحظين، لأنه يوفر تكاملاً في الملاحظة ويحد من تحيز الملاحظ.

8- عدم محاولة تفسير الملاحظ للسلوك مباشرة بل عليه أن يسجل الملاحظات كما هي وليس ما تعنيه بالنسبة للباحث.

يتضح من خلال الإرشادات أن الملاحظة كطريقة لجمع المعلومات تحتاج إلى ملاحظ مدرب، غير متحيز، يعرف ماذا يلاحظ، وبأي وقت وبأي وسيلة أو أداة يلاحظ كالأجهزة الإلكترونية أو الكاميرات الخفية مع مراعاة أخلاقيات البحث التي يتطلبها استخدام مثل هذه الأدوات.

مزايا طريقة الملاحظة:

إن من أهم مزايا الملاحظة:

1- توفر معلومات عن السلوك الملاحظ في أوضاع طبيعية (واقعية).

2- إمكانية استخدامها في سواقف مختلفة، فالسمات والخصائص الملاحظة كثيرة وفي مجالات مختلفة ولمراحل عمرية متباينة.

3- توفر الملاحظة قدرة تنبؤية عالية نسبياً وذلك للتشابه النسبي لظروف السلوك الملاحظ مع السلوك المنتظر.

4- توفر الملاحظة معلومات (بيانات) كمية ونوعية.

5- تنفرد في الحصول على معلومات لا يمكن توفيرها بطريقة غيرها. كما هي الحال في بحوث الميدان (Ethnographic Research Field) والتي تتطلب تسجيلاً مستمراً.

6- توفر الملاحظة فرصاً كثيرة للتشخيص.

7- لا تأخذ الملاحظة وقتاً طويلاً كما هو الحال في اختبارات التحصيل.

8- تكرار الملاحظة يساعد على كشف التقدم الحاصل لدى الملاحظ.

عيوب الملاحظة:

إن من أهم عيوب الملاحظة ما يأتي :

1- تعدد مصادر الأخطاء وهذا ينتج عن أي أداة ملاحظة غير دقيقة.

2- بعض السمات التي نلاحظها، لا نصل في ملاحظتها إلى حد مقبول من الثبات.

3- تتأثر بذاتية الملاحظ.

4- عدم وجود اتفاق بين الملاحظين إذا قاموا برصد سمة أو خاصية معينة.

أنواع الملاحظة:

يمكن أن نميز نوعين من الملاحظة هما:

1- الملاحظة العابرة أو الحرة: وهي الاهتمام الذي يجري دون قصد أو تخطيط مسبق.إذ يفترض بالملاحظ أن يدرك السلوك بعد حدوثه مباشرة، وأن يعلق على هذا السلوك وأن يكتب نبذة موجزة عن تفصيلاته. والعوامل التي أدت إليه والظروف التي أحاطت به.

2- الملاحظة الموجهة: إن هذا النوع الملاحظة يهتم بالسلوك العادي، ولذلك فان من واجب الملاحظ أن يلاحظ سلوك المشمولين بالملاحظة جميعاً كي يكون فكرة شاملة، وانطباعاً عاماً عن كل منهم.

ومن بين المجالات التي تقوم عن طريق الملاحظة الموجهة:-

أ-المهارات مثل:

- مهارة إجراء التجارب المخبرية.
- مهارة القراءة والكتابة والحساب للصفوف الابتدائية الدنيا.
- مهارات في العمل الوظيفي مثل المواظبة، الإتقان، والسرعة في الإنجاز، وحسن المعاملة.
- مهارات النشاطات المدرسية مثل مهارات (اللعب) والرسم واستخدام المكتبة.

ب-الاتجاهات: مثل اتجاه نحو المهنة والاتجاه نحو المؤسسة التي ينتمي إليها.

ج-الميول: مثل الميل نحو التخصص، أو المهنة، أو النشاط.

د-العادات: مثل عادات استغلال الزمن، استغلال الموارد المتوافرة وغيرها.

هـ- التكيف: مثل التكيف البيئي، والتكيف الاجتماعي.

أدوات الملاحظة:

يمكن للباحث أن يستخدم اكثر من أداة لجمع المعلومات بالملاحظة ولعل أهم هذه الأدوات:-

قوائم الشطب (الرصد): قائمة الشطب عبارة عن أداة مكونة من فقرات ذات صلة بالسمة أو الخاصية المقاسة. وكل فقرة من هذه الفقرات تتضمن سلوكاً بسيطاً يخضع لتقدير ثنائي مثل (نعم، لا)، (أوافق، أعارض)، (×، √) قد تكون الفقرات في القائمة مرتبة منطقياً أو عشوائياً وذلك حسب السمة المقاسة.   (انظر الأنموذج 1).

أنموذج (1)
مشاركة الطالب: لائحة تلخيصية

طريقة الاستعمال:

إقرأوا كل جملة من الجمل التالية مع محاولة تذكر الدرس اليوم. إذا قدَرتم بأن الجملة تقابل نشاطاً قمتم به خلال الدرس، أحيطوا عبارة " نعم " أما في الحالة المعاكسة، فإنكم تحيطون عبارة " لا ".

1- قد تمكنت من التفريق بين الجوهري والثانوي.	نعم	لا
2- لقد وجدت صعوبة في فهم ما قيل خلال الدرس.	نعم	لا
3- لم اكن موافقاً على إقرار أقرّه المدرس، أو على جواب أعطاه طالب	نعم	لا
4- لقد تخليت عن الإجابة عن سؤال أو مشكل صعب.	نعم	لا
5- اعتقد أنه بإمكاني تفسير ما فهمته من الدرس لأترابي.	نعم	لا
6- لقد ترددت في طلب الإعانة و الحال أني كنت في حاجة إليها.	نعم	لا
7- لقد تابعت جلّ فقرات الدرس بانتباه.	نعم	لا
8- لقد شرد ذهني أثناء الدرس وفكرت في أشياء أخرى.	نعم	لا
9- لقد فكرت في العلاقات التي تربط بين ما جاء بالدرس وما اعرفه في السابق	نعم	لا
10- نادراً ما فكرت في الأشياء التي لا افهمها.	نعم	لا

الترقيم: بالنسبة إلى الجمل التي تحمل رقماً زوجياً، فان "نعم" تساوي (1) و "لا" تساوي (صفر). أما الجمل التي تحمل رقماً فردياً فان "نعم" تساوي (صفر)، و "لا" تساوي (1). ويقع احتساب النقاط، فكلما كان المجموع مرتفعاً، كانت مشاركة الطالب أكبر.

2-سلالم (مقاييس) التقدير: تختلف قوائم الشطب عن سلالم القدير في أن الأخيرة تحتاج إلى حكم أدق، لأن كل فقرة تخضع لتدريج من عدة فئات أو مستويات مثل: (دائماً، غالباً، أحياناً، نادراً، مطلقاً) وهو هنا تدريج من خمس فئات كما هو في مقياس ليكرت (Likert) (انظر الانموذج2). كما توجد مقاييس أخرى شائعة الاستخدام أهمها مقياس ثيرستون. (Thurstone) ومقياس التباين اللفظي. (Semantic Differential).

أنموذج (2)
لائحة تلخيصية تصف التدريس الواضح

تعليمات للطلبة:

إنني أتمنى بصفتي مدرساً، أن تكون تفسيراتي واضحة، لكنه من الممكن ألا يكون الأمر كذلك في كل الحالات، اني احتاج إلى إعانتكم لأكون أكثر وضوحاً، لذلك اطلب منكم قراءة الجمل التالية ووضع علامة(×) في البند الموافق للتواتر الذي استعمل فيه السلوك المذكور. وبهذه الطريقة، اعرف الميادين التي أقوم فيها بعملي على احسن ما يرام، والميادين التي يجب أن أطور فيها سلوكي نحو الأحسن.

أنموذج (2)
ضع علامة (×) في البند المناسب بعد كل جملة.

دون إجابة	أبداً	أحياناً	غالباً	دائماً	عندما تقومون بدرسكم فإنكم :
					1- تعطوننا تفسيرات مفهومة
					2- تعطوننا تعليماتكم بصفة مرحلية
					3- تصفون العمل المطلوب والطريقة التي سينجز بها
					4- تعاضدون تفسيراتكم بأمثلة
					5- تتوقفون عن الحديث بعد تفسير مسالة لتتركوا لنا المجال لطرح الأسئلة
					6- تعطوننا فرصة التفكير في محتوى تعليمكم
					7- تشيرون إلى النقاط الصعبة
					8- تجيبون عن أسئلتنا
					9- تلقون علينا أسئلة لتتثبتوا من فهمنا
					10- تفسرون لنا الفروق بين الأشياء

117

ميزات سلالم التقدير:

مميزات سلالم التقدير أنها اقتصادية إذ توفر من الوقت المقدر وأنها شاملة من حيث كمية المعلومات التي يمكن رصدها وتمتاز بدرجة من الموضوعية والثبات أعلى من قوائم التقدير فضلاً عن أنها تصلح لتقويم أنواع جديدة من الأداء التي تنطوي على جوانب متعددة والتي تطلب كل منها تقريراً خاصاً مثل التربية العملية، القراءة، التمثيل، وقياس التوافق الشخصي والاجتماعي للطلاب.

أنواع سلالم التقدير:

1- **سلم التقدير العددي**: يستعمل لتقدير مدى وجود صفة لدى جماعة من الأشخاص أو الطلبة في الوقت نفسه. والسلم عبارة عن قائمة أسماء أشخاص أو طلاب مرتبة عمودياً في الهامش وعلى أعلى السطر في الصفحة يوجد مستويات مختلفة من الصفة متدرجة من (1 – 5) أو حتى (10) وعند الاستعمال يبين المقدر تقديره لمدى وجود الصفة عند الشخص بوضع دائرة أو مربع حول الرقم من سلسلة الأرقام الموجودة أمام اسمه. (انظر أنموذج 3).

118

أنموذج (3)

مقياس (سلم تقدير) لتقدير سلوك خمسة طلاب في أحد الصفوف

الطالب	درجات السلوك									
أ	①	2	3	4	5	6	7	8	9	10
ب	1	2	3	④	5	6	7	8	9	10
ج	1	2	3	4	5	⑥	7	8	9	10
د	1	2	3	④	5	6	7	8	9	10
هـ	1	2	3	4	5	⑥	7	8	9	10

ضع دائرة حول الرقم الذي يمثل سلوك الطلاب علماً أن مدى جودة السلوك تزداد بازدياد الرقم بحيث يمثل الرقم (1) أسوأ سلوك و(10) أفضل سلوك بينما يمثل الرقم 5 سلوكاً متوسطاً.

ملاحظة:

قد يتم الاهتمام بتقدير سلوك أو صفات أو نتاج كل شخص أو طالب على حدة فيصمم حينئذ سلماً ليحقق غرضه (انظر أنموذج 4).

(أنموذج 4)

مقياس (سلم تقدير) لتقويم تنظيم الصف وتسييره

طلب من مدرس أن يخصص في آخر كل حصة بعض الدقائق لتسجيل كل عنصر من العناصر المذكورة بالجدول أسفله، وذلك حسب تطبيقه بالصف. على سبيل المثال إذا ما كانت الإجراءات الإدارية المطبقة من قبل المدرس فعالة أي كانت منظمة لا تأخذ حيزاً كبيراً من الوقت سيكون العدد المسند هو (5) أما إذا ما دامت هذه الإجراءات اكثر بحيث أصبحت تعرقل عملية التعليم والتعلم فان العدد المسند إلى الفئة هو (1). وتقابل الأعداد (4،3،2) درجات وسيطة من الفعالية.

أنموذج (4)

مقياس لتقويم تنظيم الصف وتسييره

عناصر التقويم	التقويم (1 ضعيف، 5 مرتفع)
1- الإجراءات الإدارية فعالة.	1 2 3 4 5
2- الإجراءات متلائمة مع الصف.	1 2 3 4 5
3- نشاط بداية الدرس ونهايته فعال.	1 2 3 4 5
4- نسق التعليم جيد.	1 2 3 4 5
5- التحكم في التوقفات جيد.	1 2 3 4 5
6- تسيير سلوك الطلبة جيد.	1 2 3 4 5
7- السيطرة على السلوك المشين سريع.	1 2 3 4 5
8- تنظيم الفرق الصغير محكم.	1 2 3 4 5

ضع دائرة حول الرقم الذي يمثل السلوك المناسب.

2- **سلم التقدير العددي الوصفي:** يتعين هذا السلم بأنه إضافة إلى وضع درجات مختلفة للصفة قد يمتد مداها بين (1-5) أو (1-10)، فان المقدر يعطي وصفاً واضحاً لهذه الصفة. ويعد هذا السلم اكثر ثباتاً. ومن مميزات هذا السلم يمكن مقارنة الطالب مع غيره في الصفة التي نريد المقارنة بها، ويمكن أيضاً مقارنة الطالب مع نفسه في فترات تقديرية مختلفة، فضلاً عن ذلك فان هذا النوع يتمتع بوصف كامل لكل درجة مما يجعل الاتفاق بين المقدرين كبيراً.

<u>مثال:</u> ضع إشارة (√) فوق ما ينطبق على الطالب .

لا دافعية لديه
متقلب متذبذب
عادة مندفع
دافعية فعالة
دافعية عالية جداً

3- **سلم البياني اللفظي:** في هذا السلم يذكر الأداء على شكل عمود في الجانب الأيمن وتوضع أوصاف الصفة بشكل أفقي في الجانب الأيسر من الصفحة وهذه الصفات تختلف حسب طبيعة الصفة من جهة، وحسب ما يراه المقدر من جهة أخرى (لاحظ أنموذج 2).

ويستعمل هذا السلم في مجالات كثيرة، فقد يستعمل لمعرفة أداء الطالب، وقد يستعمل لتقييم أثاث المدرسة، يكشف عن أداء المدرس ونجاحه في التدريب وغيرها.

4- **سلم التباين اللفظي:** يستعمل هذا السلم اكثر مما يستعمل في تقدير نواتج التعليم في المجال الانفعالي. في هذا السلم ترتبط معاني المفاهيم بصفات يعبر عنها بكلمات وكل

كلمة لها نقيض. ويتدرج السلم من (1 – 7) وعادة فان الكلمات تتدرج تحت الأرقام من (5 – 7) أما نقائضها فتندرج من (1 – 3) وأما الرقم (4) فيشمل الحياد.

مثال: لتقدير اتجاه الطلاب نحو الدراسة فإننا نضع كلمات ونقائضها كما يأتي:-

هل الدراسة :

الكلمة	7 6 5 4 3 2 1	نقائضها
ممتعة	....	مملة
مريحة	....	متعبة
مشجعة	....	مثبطة
مسلية	....	مزعجة

ثانياً: المقابلة (Interview):

المقابلة حوار بين الباحث والمستجيب. يبدأ هذا الحوار بخلق علاقة وئام بينهما ليضمن الباحث الحد الأدنى من تعاون المستجيب. ثم يشرح الباحث الغرض من المقابلة. وبعد أن يشعر الباحث بان المستجيب على استعداد للتعاون، يبدأ بطرح الأسئلة التي يحددها مسبقاً. وينتظر إجابة المستجيب عن كل سؤال، ملاحظاً أي سوء فهم للسؤال لتوضيحه أو إعادة طرحه بصورة أخرى، ثم يسجل الإجابة بكلمات المستجيب تاركاً التفسير إلى ما بعد المقابلة وعلى الباحث أن يقرر مسبقاً طريقة تسجيل الإجابات يدوياً أو آليا على شريط كاسيت أو فيديو، مع ملاحظة أثر الطريقة على الإجابة، وقد يرغب الباحث أحياناً بالتسجيل للاحتفاظ بنغمة الصوت أو لحركات وملامح المستجيب التي قد تعطي دلالة ما. وهكذا يلاحظ أن المقابلة عبارة عن استبيان شفوي.

مزايا المقابلة:
المقابلة طريقة من الطرق المهمة في جمع المعلومات التربوية وتتمتع بمزايا عدة أهمها:-

1- يمكن استخدامها في الحالات التي يصعب فيها استخدام الاستبيان كان تكون العينة من الأميين أو من صغار السن.
2- توفر عمقاً في الإجابات لإمكانية توضيح وإعادة طرح الأسئلة وحتى يتسنى ذلك فهي بحاجة إلى مقابل مدرب.
3- تستجد معلومات من المستجيب من الصعب الحصول عليها بأي طريقة أخرى لأن الناس بشكل عام يحبون الكلام اكثر من الكتابة.
4- توفر الحصول على إجابات من معظم من تتم مقابلتهم (95% وربما يزيد) وإذا ما قورنت بالاستبيان (= 40% بدون متابعة).
5- توفر مؤشرات غير لفظية تعزز الاستجابات وتوضح المشاعر، كنغمة الصوت وملامح الوجه، وحركة اليدين والرأس ...الخ.

عيوب المقابلة:
كما أن للمقابلة بعض المزايا فلها بعض العيوب أيضاً أهمها:-
1- يصعب مقابلة عدد كبير نسبياً من الأفراد، لأن مقابلة الفرد الواحد تستغرق وقتاً طويلاً من الباحث.
2- تتطلب مقابلين مدربين على إجرائها، فإذا لم يكن المقابل ماهراً مدرباً لا يستطيع خلق الجو الملائم للمقابلة وقد يزيف المستجيب إجابته، وقد يتحيز المقابل من حيث لا يدري بشكل يؤدي إلى تحريف الإجابة.
3- صعوبة التقدير الكمي للاستجابات وإخضاعها إلى تحليلات كمية خاصة في المقابلة المفتوحة (Unstructured).
4- صعوبة تسجيل الإجابات، أو في تجهيز أدوات التسجيل في مكان المقابلة الذي يحدده المستجيب (على الأغلب).

أنواع المقابلة:

تتفاوت المقابلة في درجة الحرية التي تعطى للمستجيب في إجابته وعلى هذا الأساس يمكن تقسيمها إلى ثلاثة أنواع :-

1- المقابلة المفتوحة (Unstructured) : وفيها يعطى المستجيب الحرية في أن يتكلم دون محددات للزمن أو للأسلوب وهذه عرضة للتحيز، ويستجد كلاماً ليس ذا صلة بالموضوع.

2- المقابلة شبه المفتوحة (Semi unstructured) : وهي تعطي الحرية للمقابل بطرح السؤال بصيغة أخرى والطلب من المستجيب مزيداً من التوضيح.

3- المقابلة المغلقة (Structured) : وهي لا تفسح المجال للشرح المطول بل بطرح السؤال وتسجل الإجابة التي يقررها المستجيب.

ويمكن تقسيم المقابلات حسب الطريقة التي تتم فيها المقابلة إلى :-

- مقابلة وجهاً لوجه (Face to Face)

والمقابلة الهاتفية ويزداد استخدام الطريقة الثانية مع التقدم في مجال الاتصالات الهاتفية (صوت أو صورة و صوت) وذلك لتوفيرها الوقت والجهد والتكاليف على الباحث. إلا أن لها محددات إذ ليس من السهل توفير علاقة مودة من خلال الهاتف كما هي في المقابلة وجهاً لوجه، كما انه قد لا يتوفر الهاتف في كل بيت من بيوت أفراد العينة.

ويمكن تقسيم المقابلات حسب عدد من تتم مقابلتهم مع مقابل واحد بنفس الوقت إلى مقابلة فردية تفسح المجال لحرية الفرد في التعبير نتيجة لجو المودة الذي يخلقه المقابل، ومقابلة جماعية توفر عمقاً و إثراء للإجابة من قبل مجموعة من الأفراد في نفس الجلسة حيث يفسح المجال للنقاش الحر المنظم حول السؤال المطروح من المقابل، إلا انه يصعب هنا تسجيل الإجابات والملاحظات تسجيلاً يدوياً وعلى الأغلب تحتاج إلى تسجيل آلي.

السجلات واليوميات (Records and Diaries)

تعد السجلات واليوميات في بعض الأحيان مصادر جاهزة للمعلومات كالإحصائيات المتوافرة عن الأفراد في ملفات المؤسسة التي ينتسبون إليها، فدور الباحث في هذه الحالة لا يتعدى نقل المعلومات الجاهزة وإعادة تبويبها بالشكل الذي يحدده. أما السجلات واليوميات كأدوات ملاحظة فإنها تتضمن ملاحظات نوعية متميزة عن الأفراد، ويقوم بتسجيلها ملاحظ شبه مقيّم " كالمعلم أو المدرس مثلاً أو المرشد التربوي " أو الباحث إذا كانت ظروف البحث تتطلب وتسمح بذلك، كما تتضمن اليوميات في المؤسسات والمراكز ملاحظات عن الأنشطة المتكررة التي يقوم بها الأفراد ومن الخصائص المميزة للسجلات إن الملاحظ يعطي تفسير أو اكثر للسلوك الملاحظ إلا أنها تبقى تفسيرات مقترحة.

وقد لا يعتمد الباحث اعتماداً كلياً على الملاحظات التي يجمعها بهذه الطريقة، وذلك لإمكانية نقص المعلومات أو تحيزها. كما أن الباحث يواجه صعوبة في تحليل المعلومات وتصنيفها. فبعضها يقدر كمياً وبعضها غير قابل للتقدير الكمي إلا أنها تعتبر مؤشرات مدعمة للمعلومات الأخرى في البحث.

البطاقة المدرسية (السجل المجمع) (Commutative Records):

بعد أن عجزت الاختبارات المدرسية عن تقييم التلميذ في غير النواحي التحصيلية التي لم تستطع أن تدلنا على مبلغ ما حدث من تغير في شخصية التلميذ من النواحي الخلقية والمزاجية وغيرها، ولهذا كان من الضروري الاعتماد على وسائل أخرى في التقييم، مما دعت الحاجة إلى ظهور - البطاقات المدرسية - التي تعتبر خير وسيلة مساعدة على دراسة شخصية التلميذ من جميع نواحيها، وتتبع ما يحدث له من تغيير وتقدم أو تأخر على مدى المدة التي يقضيها في المدرسة من يوم دخوله المدرسة، وتستمر معه تتابع

نموه في كل مرحلة من مراحل التعليم. وتنتقل معه من مرحلة تعليمية إلى أخرى، بحيث تعطي صورة كاملة عنه من يساعد على تفهمه وحسن توجيهه وتقويم شخصيته. ويمكن عن طريق هذا السجل، أن نوجه التلميذ إلى نوع الدراسة التي تناسبه أو إلى العمل الذي يتفق وميوله واستعداداته.

وهذه البطاقة: تمثل السجل الحي المبوب تبويباً بحيث يشمل جميع مكونات شخصية التلميذ، من حيث النواحي الجسمية والصحة العامة، والذكاء والتفوق الاجتماعي، والثبات الانفعالي والميول والهوايات، والاستعدادات والاتجاهات التي يتميز بها شخصه، ثم الظروف المنزلية، والبيئة المحيطة به والمؤثرات المادية والاجتماعية التي تلقي الضوء على إمكانية وعوامل تقدمه أو تأخره الدراسي، حتى ينمو ليتمكن من تفسير الكثير من نسيج شخصيته ونموه.

الشروط التي يجب توافرها في البطاقة المدرسية:

يرجع استخدام البطاقات المجمعة في ميدان التربية والتعليم على نطاق واسع إلى عام (1930) حين بدأ استخدامها ينتشر في المدارس المختلفة. ويعتبر المربي تراكسلر (Traxler) من أهم الباحثين في ميدان البطاقات المجمعة [1]. وقد أشار إلى عدة مبادئ يجب اتباعها في تصميم هذه البطاقات حتى يمكن أن تحقق الأهداف المرجوة منها وهذه الشروط هي:

1- يجب أن تكون البطاقة المدرسية سجلاً شاملاً جامعاً، لكل ما يتعلق بالتلميذ من النواحي الجسمية والحركية والصحية والنفسية والتحصيلية، وهواياته العلمية، وأساليب النشاط الحر، واتجاهاته الاجتماعية، ونوع المشاكل التي يقابلها الطالب.

فالبطاقات الشاملة التفصيلية أمر لا يمكن الاستغناء عنه في المدرسة الحديثة حتى يمكن أن تقوم بوظائفها خير قيام.

---

[1] Traxler. AE: How to use comulative Records science Research Association, 1947.

2- أن يكون الهدف من البطاقة المدرسية، المساعدة على تحسين عملية التعليم أو التدريس فضلاً عن توجيه التلميذ إلى نوع التعليم الذي يتفق مع ميوله، وقدراته، والعوامل الاجتماعية المختلفة التي تحيط به، ولاشك إن هذا يساعد إلى حد كبير على تحقيق الأهداف التربوية.

3- يجب أن تكون البطاقة واضحة وبسيطة ومنظمة بحيث تكون بياناتها سهلة التدوين ولاسيما إنها ستوضع بمتناول المبتدئين من المعلمين غير المدربين على استعمالها.

4- يجب أن تكون المعلومات التي تتضمنها موضوعية لاتتاثر بالحكم الذاتي في تقييم التلميذ.

5- يجب أن تكون البطاقات المستخدمة في المرحلة التعليمية الواحدة متماثلة لتسهيل الموازنة بينها.

6- ينبغي أن تصميم البطاقة وفقاً لأهداف المدرسة(الابتدائية أو المتوسطة أو الثانوية).

7- أن تكون البطاقة مرنة تلائم تطور طرق التربية ونظم التعليم وأهدافه لكي لا تتغير مع كل تغير فيها.

8- يجب أن تتصف البطاقة المدرسية بالاستمرار(التتبع) بمعنى إنها يجب أن ترافق التلميذ في جميع صفوف المرحلة أو المراحل اللاحقة.

9- ينبغي أن تكون البطاقة المجمعة سهلة الاستخدام من قبل المعلمين والمدرسين والمشرفين الاجتماعيين ومن الممكن أن تسجل الأمور الخاصة جداً بالتلميذ في بطاقة أخرى تحفظ بمعزل عن البطاقات. ولا تكون في متناول جميع إفراد هيئة التدريس.ولا يرجع إليها إلا مدير المدرسة والمشرف الاجتماعي أو التربوي.

10- ينبغي أن توجد علاقة طبيعية ومنطقية بين البطاقة المجمعة أو الشاملة، والتقارير التي ترسل إلى الآباء.

11- ينبغي أن يعد المدرسون بحيث يستطيعون استخدام البطاقات بطريقة ملائمة.

12- ينبغـي أن تكـون المعلومـات التـي تـدون في البطاقـة سريـة، لا يطلـع عليهـا إلا المعلمـون المسؤولون أو المشرف الاجتماعي في المدرسة. وأن تكون هذه البطاقات في مكـان أمـين لا تمتد إليه الأيدي.

13- من الضروري أن ترفق البطاقة بصفة تبين فيها طريقة استعمالها وكيفية تسجيل المعلومات فيها.

محتويات البطاقة المدرسية المجمعة:

يمكننا أن نورد أهم البيانات التي يرى معظم المختصين في حقل التربية والتعليم تمثيلها في بطاقة تلميذ المدرسة الابتدائية والمتوسطة والثانوية وهي:

1- المعلومات العامة عن التلميذ.

2- بيانات عن النواحي البدنية والصحية.

3- بيانات عن النواحي العقلية للتلميذ.

4- بيانات عن نواحي التحصيل الدراسي ومستوى التلميذ في المواد المختلفة.

5- الدوام والمواظبة.

6- سجل الاختبارات ونتائجها.

7- بيانات وصفات شخصية.

8- بيانات عن النواحي الاجتماعية.

9- أوجه النشاط الحر.

10- المشكلات الخاصة بالتلميذ.

11- ملاحظات عامة.

12- رأي المدرسة في توجه التلميذ.

عينة أسئلة التقويم الذاتي

1- ما هي مزايا طريقة الملاحظة وما عيوبها؟

2- اذكر نوعين من أنواع الملاحظة.

3- اذكر نوعين من أدوات الملاحظة.

4- اذكر مثالاً لأنموذج يبين مقياس تنظيم الصف وتسييره.

5- عدد أنواع سلالم التقدير ومثل لواحد منها.

6- ما هي مزايا وعيوب طريقة المقابلة؟

7- عدد أنواع المقابلة.

8- ما فائدة السجلات واليوميات؟

9- ما هي الشروط التي يجب توافرها في البطاقة المدرسية؟

الفصل السابع

تفسير نتائج الاختبارات

الفصل السابع: تفسير نتائج الاختبارات

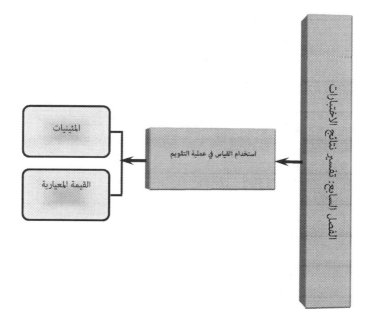

أهداف الفصل

يتوقع من القارئ في نهاية هذا الفصل إن :

1- يحسب الرتبة المئينية لدرجة من بين الدرجات الخام.

2- يستخدم القيمة المعيارية لمقارنة الدرجات مع بعضها.

استخدام القياس في عملية التقويم:

المقصود بالقياس كما مر ذكره هو تحديد القيمة الكمية للشيء كخطوة سابقة من اجل تحديد قيمته النوعية. حيث أن المدرس بحاجة إلى إضفاء قيمة نوعية على درجات طلبته. فحصول الطلبة على درجة (70) يشير إلي أن هذه الدرجة جيدة أو وسط أو ضعيفة. وبالتالي العمل على تطويره (أي الطالب) وتحسين مستواه إذا كانت الدرجة ضعيفة.

فمثلاً إذا استعملت المستويات المئوية بحيث تمثل(100) أعلى مستوى أو بالنهاية العظمى.ففي مثل هذه الحالة لا نستطيع تفسير الدرجة، فالدرجة (50) قد تكون أعلى درجة في الصف فتكون ممتازة وقد تكون أدنى درجة فتكون رديئة. وحتى أن 50% قد لاتساوي 50% في امتحان آخر للمادة نفسها أو لمادة أخرى كما يتضح من الدرجات الآتية:

الرياضيات: 25، 32، 35، 46، 50، 60 %

العلوم : 50، 60، 72، 80 ، 85، 90 %

ان50% في الرياضيات لا تساوي 50% في العلوم. أن هذه الدرجة في الرياضيات ثاني درجة لذا فهي درجة ممتازة بينما هي في العلوم درجة رديئة لأنها أدني درجة. وحتى بالنسبة للمادة الواحدة فقد تكون 60% أعلى من 80% وذلك حسب صعوبة الاختبار، وانه لكي نفسرأية درجة لابد لنا من أن ننسبها إلى مستوى معين أو إلى مجموعتها من الدرجات وذلك على أساس ترتيب الدرجات وفق نظام معين أو تحديد رتبة الطالب وهذا ما سنتطرق إليه في هذا الفصل لإضفاء قيمة نوعية على درجات الطلبة.

ولقد درست في السنوات السابقة بعض المفاهيم الإحصائية مثل مقاييس النزعة المركزية ومقاييس التشتت والتي تساعدك على إضفاء قيمة نوعية على درجات الطلبة. وفيما يلي بعض المفاهيم الإحصائية الأخرى:

المئينيات (PERCETILES)

تحتاج في كثير من المسائل العملية المتعلقة بالتوزيعات التكرارية الى أيجاد قيم معينة ضمن التوزيع تسبقها أو تليها نسب مئوية معينة من المشاهدات الداخلة فيه. فمثلاً ربما نحتاج الى أيجاد القيمة التي تسبقها 70% من المشاهدات الواردة في توزيع تكراري معين أو القيمة التي يليها 40% من المشاهدات وهكذا. وتسمى هذه القيم المطلوب إيجادها بالمئينات (PERCENTILES) نسبة الى مئة. وقد سبق وأن تعرفنا على واحد منها وهو الوسيط حيث انه القيمة التي يسبقها ويليها نصف المشاهدات،أي 50% منها.

وزيادة في الإيضاح لمعنى المئينيات، نورد الأمثلة التالية التي من شأنها أن تساعد في توضيح مفهومها وتبيان المقصود بها، فمثلاَ: (ى80) تشير الى المئين الذي يكون ترتيبه الثمانين، وهو القيمة الواقعة ضمن التوزيع والتي يصغرها (80 %) من الحالات وكبرها (20%) منها. (ى 65) تشير الى المئين الذي يكون ترتيبه الخامس والستين، وهو القيمة الواقعة ضمن التوزيع والتي يصغرها 65% من الحالات ويكبرها 35% منها وهكذا.

حساب المئينات :

لاستخراج الرتبة المئينية لأية درجة من درجات الصف يمكن اتباع الخطوات الآتية:

1-ترتيب الدرجات تنازلياً.

2- تحديد تسلسل الدرجة التي يراد إيجاد رتبتها المئينية بالنسبة للدرجات الأخرى.

3- طرح هذا التسلسل من أعلى تسلسل موجود في الدرجات.

4- قسمة الفرق بين التسلسلين على أعلى تسلسل وضرب الناتج في .100

5- إذا كانت النتيجة افضل من الرتبة (50) وهي الرتبة الوسطية فإن الدرجة جيدة وإذا كانت أوطأ منها فإن الدرجة ضعيفة.

مثال 1: أوجد الرتبة المئينية للدرجة (80) في المثال الآتي:

الدرجات الخام هي:

.95،80،20،70،69،35،78،90،45،60،85

الحل:

الدرجات	التسلسل
95	1
90	2
85	3
80	4
78	5
70	6
69	7
60	8
45	9
35	10
20	11

- تسلسل الدرجة 80 هو 4
- آخر تسلسل هو 11
- الفرق بين تسلسل 80 والدرجة الأعلى يساوي 11- 4 = 7

$$\frac{\text{الفرق}}{\text{أعلى تسلسل}} \times 100 = \frac{7}{11} \times 100$$

$$\frac{700}{11} = 63.6$$

الرتبة المئينية للدرجة (80) هي وبما إنها أعلى من الرتبة الوسطية (50%).

إذن الدرجة (80) تعتبر درجة جيدة لأنها أعلى من المتوسط بالنسبة للدرجات التي جاءت بعدها.

ملاحظة: إذا كانت هناك اكثر من درجة متكررة فتسلسل كل منها هو معدل تسلسل الـدرجات المتكررة.

مثال 2: لو كان عندنا الدرجات الآتية:

الدرجات: 90، 80، 75،60، 50، 45، 40

التسلسل: 1، 2، 3 ، 4، 5، 6 ، 7، 8

فان تسلسل الدرجة 75 هو : $\frac{4+3}{2} = 3.5$

مثال 3: أدناه جدول تكراري لدرجات 25 طالباً في اختبار الرياضيات.

فئات الدرجات	التكرار	التكرار المتجمع النازل
96-94	1	25
93-91	3	24
90-88	1	21
87-85	1	20
84-82	3	19
81-79	2	16
78-76	3	14
75-73	3	11
72-70	2	8
69-65	2	6
66-64	3	4
63-61	1	1
المجموع	25	

لنقل: إننا نريد أن نحسب الرتبة المئينية لطالب حصل على درجة (74) في اختبار الرياضيات من الجدول السابق فيكون الحساب كما يأتي:

إن درجة (74) تقع في الفئة (73ـ 75) وهناك (8) أفراد درجاتهم اقل من الحد الأدنى للفئة. ونظراً لأن تكرار الفئة (73 - 75) هو $\frac{74-73}{3} \times 3 = 1$

وتكون القيم التي تقل القيمة عن (74) في المجموعة هو 8+1=9 ولكون عدد أفراد المجموعة كلها =25 لذلك فإن الرتبة المئينية المقابلة للدرجة (74) تحسب بالشكل

$$\frac{9}{25} \times 100 = 36.$$

إن هذه النتيجة تعني أن الطالب الحاصل على درجة (74) تفوق على 36% من الطلاب في اختبار الرياضيات.وبما أنها اقل من الرتبة الوسيطية (50) إذن الدرجة (74) تعتبر درجة واطئة لأنها اقل من الوسط بالنسبة للدرجات التي جاءت معهم.وبوجه عام فلإيجاد الرتبة المئينية نسير وفق الخطوات الاتية:

1- نحدد الفئة التي تقع القيمة س ضمنها. (في المثال السابق 74)

2- نحدد عدد التكرارات التي في قيمها عن س (في المثال السابق 8)

3- نجد الفرق بين القيمة س والحد الأدنى لهذه الفئة (في المثال السابق 74-73 =1).

4- إذا كان طول الفئة ف (في المثال السابق 3) وعدد تكراراتها ك (في المثال السابق 3 أيضا) فان المجموع الكلي للتكرارات التي هي اقل في قيمها من القيمة س يكون على النحو الآتي

$$8+ \quad \times 3 = 8+1=9$$

5-نقسم الناتج الذي حصلنا عليه على المجموع الكلي للتكرارات ونضرب في 100 فنحصل على الرتبة المئينية = $\quad \times 100 = 36.$

استخدام القيمة المعيارية (Z-Score)

وتستخدم عادة هذه الطريقة عند مقارنة الـدرجات مـع بعضـها حيـث كلـما زادت القيمة المعيارية للدرجة كلما كانت افضل.

$$\text{والقيمة المعيارية} = \frac{\text{درجة الطالب} - \text{معدل الدرجات}}{\text{الانحراف المعياري}}$$

ولاستخراج الانحـراف المعياري هنـاك أكـثر مـن طريقـة وابسـط هـذه الطـرق هـي المتمثلـة بالخطوات الآتية:

- رتب الدرجات تنازليا أو تصاعدياً.
- استخرج الوسط الحسابي لها.
- استخرج بين كل درجة والوسط الحسابي.
- ربع هذا الفرق.
- اجمع مربعات هذه الفروق.
- جد معدل مربع الفرق وذلك بقسمة مجموعها على عدد الدرجات.
- جد الجذر التربيعي لذلك المعدل وهو يساوي الانحراف المعياري.

مثال 4:

أوجد الانحراف المعياري للدرجات الآتية: 40، 37، 60، 50، 80، 70، 83

الحل: الوسط الحسابي $= \frac{\text{مجموع الدرجات}}{\text{عددها}} = \frac{420}{7} = 60$

139

الدرجة	الانحراف عن الوسط	مربع الانحراف
37	23-	529
40	20-	400
50	10-	100
60	0	0
70	10+	100
80	20+	400
83	23+	529
المجموع430	0	2058

مجموع مربع الانحرافات 2058

معدل مربع الانحراف = $\frac{2058}{7}$ = 294

<u>مثال</u>: حصل طالب على درجة (70) في الكيمياء وكان معدل درجة الصف في ذلك الامتحان (65) والانحراف المعياري لها (2) بينما حصل نفس الطالب على درجة (80) في الرياضيات وكان معدل درجات الصف (70) والانحراف المعياري لها (5). أي الدرجتين افضل ؟

الحل : القيمة المعيارية لدرجة الكيمياء = $\frac{65-70}{2}$ = $\frac{5}{2}$ = 215

القيمة المعيارية لدرجة الرياضيات = $\frac{70-80}{5}$ = $\frac{10}{5}$ =2

أي أن درجة الطالب في الكيمياء (70) هي افضل من درجته في الرياضيات (80)

عينة أسئلة التقويم الذاتي

كانت درجات الطلاب في الرياضيات لأحد الصفوف كما يأتي :
65، 82، 73، 72، 81، 85، 65، 72، 72، 65، 83، 82، 68، 81، 76، 72، 81، 73، 60، 73، 84، 89، 85، 72،
63، 61 جد الرتبة المئينية الخمسين.

2- في جدول الأعمار التالي :

العمر بالسنوات	15	18	23	25	26	29	31	32	35	37	40
التكرار	1	4	8	10	6	6	3	2	4	5	1

جد الرتبة المئينية الثمانين.

3- طالب في مدرسة تقع في مركز المدينة حصل في امتحان الثانوية على درجة (90) في الفيزياء وكان معدل الدرجات في مدرسته هو (81) والانحراف المعياري لتلك الدرجات هو (3) وحصل طالب آخر في مدرسة قروية في نفس الامتحان على درجة (70) وكان معدل درجات طلبه صفه هو (57) والانحراف المعياري (2) أي الطالبين كان أفضل في ذلك الامتحان ؟ ولماذا ؟

4- إذا كانت درجة في امتحان الجغرافية 60 درجة ودرجته في امتحان التاريخ تساوي (70) في أي الامتحانين كان تحصيله أعلى بالنسبة لزملائه في الصف. علماً بان الوسط الحسابي والانحراف المعياري للدرجات في الامتحانين هو (60، 5)، (75، 5) على التوالي.

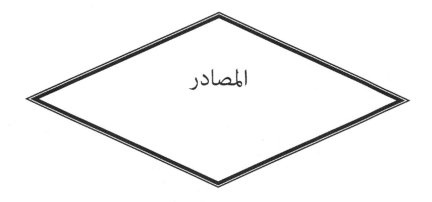

المصادر

المصادر

1- أبو علام، رجاء محمود (1987): قياس وتقويم التحصيل الدراسي، كويت، دار القلم.

2- إبراهيم عبد اللطيف فؤاد (1962): أسس المناهج، القاهرة، مكتبة مصر.

3- العاني، رؤوف عبد الرزاق (1985): التقويم والقياس، وزارة التربية، معهد التدريب والتطوير التربوي، مطبوع على الرونيو.

4- الامام، مصطفى وآخرون (1991): التقويم والقياس، بغداد، مطبعة دار الحكمة.

5- العبيدي: غانم سعيد، والجبوري: حنان عيسى (1970): التقويم والقياس في التربية والتعليم، بغداد، مطبعة شفيق.

6- عبد الرحمن إسماعيل كاظم، (1983): القياس والتقويم في مجال الرياضيات، وزارة التربية، معهد التدريب والتطوير، مطبوع على الرونيو.

7- عودة، احمد سليمان، (1985): القياس والتقويم في العملية التدريسية، اربد، دار الأمل.

8- الدليمي، احسان عليوي، والمهداوي، عدنان محمود (2000): القياس والتقويم، كلية التربية، جامعة ديالى.

9- الغريب، رمزية (1977): التقويم والقياس النفسي والتربوي، القاهرة، مكتبة الانجلو المصرية.

145

10- لنـد فـل، س، م (ترجمـة عبـد الملـك الناشـف وسـعيد التـل) (1968): أساليب الاختبار والتقويم، بيروت، المؤسسة الوطنية للطباعة والنشر.

11- السامرائي، مهدي صالح:دراسـة في التقـويم و القيـاس التربـوي، رسـالة الخليج العربي ـ العدد (14)، السنة (1985).

12-Brown.F.G., *Measuring Classroom Achievement*, New York: Holt, Rine hart and Winston, 1981.

13-Gronlund, N.E.,and Linn, R.L., *Measurement and Evaluation In Teaching*. New York: Macmillan: Publishing Co.Inc. 1990.

14-Trump.and aidler *Secondary school Curriculum Improvement*, Boston, Allyn &Bullion inc., 1968.